U0517923

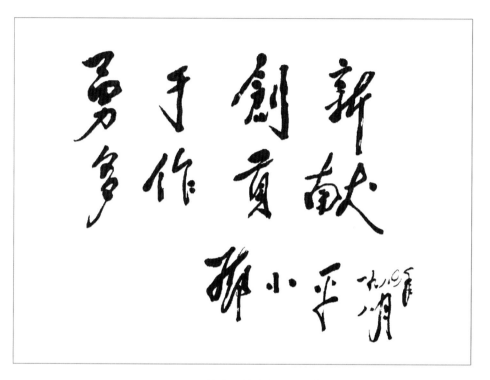

邓小平同志为中信公司成立五周年题词。

1988 年 5 月 23 日，邓小平同志与荣毅仁同志亲切交谈。

中信创造力

金融与实业协同发展竞争力

————————

中信改革发展研究基金会课题组 著

中信出版集团 · 北京

图书在版编目（CIP）数据

中信创造力：金融与实业协同发展竞争力 / 中信改
革发展研究基金会课题组著 . -- 北京：中信出版社，2018.7
（中国道路丛书）
ISBN 978-7-5086-9020-9

Ⅰ . ①中… Ⅱ . ①中… Ⅲ . ①企业集团 - 企业管理 -
研究 - 中国 Ⅳ . ① F279.244

中国版本图书馆 CIP 数据核字（2018）第 116897 号

中信创造力——金融与实业协同发展竞争力

著　　者：中信改革发展研究基金会课题组
出版发行：中信出版集团股份有限公司
　　　　　（北京市朝阳区惠新东街甲 4 号富盛大厦 2 座　邮编　100029）
承 印 者：北京诚信伟业印刷有限公司

开　　本：787mm×1092mm　1/16　　插　页：2　　印　张：13.75　　字　　数：150 千字
版　　次：2018 年 7 月第 1 版　　　　印　次：2018 年 7 月第 1 次印刷
广告经营许可证：京朝工商广字第 8087 号
书　　号：ISBN 978-7-5086-9020-9
定　　价：55.00 元

版权所有·侵权必究
如有印刷、装订问题，本公司负责调换。
服务热线：400-600-8099
投稿邮箱：author@citicpub.com

"中国道路"丛书学术委员会

学术委员会主任：孔 丹

委 员（按姓氏笔画排序）：

丁 耘	马 戎	王小强	王绍光	王海运	王维佳
王湘穗	方流芳	尹韵公	甘 阳	卢周来	史正富
冯 象	吕新雨	乔 良	向松祚	刘 仰	刘小枫
刘瑞生	刘纪鹏	苏 力	李 玲	李 彬	李希光
李若谷	玛 雅	周和平	杨凯生	杨松林	何 新
汪 晖	张文木	张 宇	张宇燕	张维为	陈 平
陈春声	武 力	罗 援	季 红	金一南	周建明
房 宁	赵汀阳	赵晓力	祝东力	贺雪峰	聂庆平
高 梁	黄 平	黄纪苏	曹 彤	曹和平	曹锦清
崔之元	梁 晓	彭光谦	韩毓海	程曼丽	温铁军
强世功	蒲 坚	熊 蕾	潘 维	霍学文	戴锦华

"中国道路"丛书编委会

编 委 会 主 任：孔　丹

编委会执行主任：季　红

委　员（按姓氏笔画排序）：

王海龙　王晓泉　王湘穗　玛　雅　张　宇　张　桐

欧树军　祝东力　高　梁　陶庆梅　黄　平　彭光谦

韩毓海　强世功　鄢一龙

"中国道路"丛书总序言

中华人民共和国成立 60 多年以来，中国一直在探索自己的发展道路。特别是在改革开放 30 多年的实践中，努力寻求既发挥市场活力，又充分发挥社会主义优势的发展道路。

改革开放推动了中国的崛起。怎样将中国的发展经验进行系统梳理，构建中国特色的社会主义发展理论体系，让世界理解中国的发展模式？怎样正确总结改革与转型中的经验和教训？怎样正确判断和应对当代世界的诸多问题和未来的挑战，实现中华民族的伟大复兴？这都是对中国理论界的重大挑战。

为此，我们关注并支持有关中国发展道路的学术中一些有价值的前瞻性研究，并邀集各领域的专家学者，深入研究中国发展与改革中的重大问题。我们将组织编辑和出版反映与中国道路研究有关的成果，用中国理论阐释中国实践的系列丛书。

"中国道路"丛书的定位是：致力于推动中国特色社会主义道路、制度、模式的研究和理论创新，以此凝聚社会共识，弘扬社会主义核心价值观，促进立足中国实践、通达历史与现实、具有全球视野的中国学派的形成；鼓励和支持跨学科的研究和交流，加大对中国学者原创性理论的推动和传播。

"中国道路"丛书的宗旨是：坚持实事求是，践行中国道路，发展中国学派。

始终如一地坚持实事求是的认识论和方法论。总结中国经验、探讨中国模式，应注重从中国现实而不是从教条出发。正确认识中国的国情，正确认识中国的发展方向，都离不开实事求是的认识论和方法论。一切从实际出发，以实践作为检验真理的标准，通过实践推动认识的发展，这是中国共产党的世纪奋斗历程中反复证明了的正确认识路线。违背它就会受挫失败，遵循它就能攻坚克难。

毛泽东、邓小平是中国道路的探索者和中国学派的开创者，他们的理论创新始终立足于中国的实际，同时因应世界的变化。理论是行动的指南，他们从来不生搬硬套经典理论，而是在中国建设和改革的实践中丰富和发展社会主义理论。我们要继承和发扬这种精神，摒弃无所作为的思想，拒绝照抄照搬的教条主义，只有实践才是真知的源头。"中国道路"丛书将更加注重理论的实践性品格，体现理论与实际紧密结合的鲜明特点。

坚定不移地践行中国道路，也就是在中国共产党领导下的中国特色社会主义道路。我们在经济高速增长的同时，也遇到了来自各方面的理论挑战，例如，将改革开放前后两个历史时期彼此割裂和截然对立的评价；再如，极力推行西方所谓"普世价值"和新自由主义经济理论等错误思潮。道路问题是大是大非问题，我们的改革目标和道路是高度一致的，因而，要始终坚持正确的改革方向。历史和现实都告诉我们，只有社会主义才能救中国，只有社会主义才能发展中国。在百年兴衰、大国博弈的历史背景下，中国从积贫积弱的状态中奋然崛起，成为世界上举足轻重的大国，成就斐然，道路独特。既不走封闭僵化的老路，也不走改旗易帜的邪路，一定要走中国特色的社会主义正路，这是我们唯一正确的选择。

推动社会科学各领域中国学派的建立，应该成为致力于中国道路探讨的有识之士的宏大追求。正确认识历史，正确认识现实，积极促进中国学者原创性理论的研究，那些对西方理论和价值观原教旨式的顶礼膜拜的学风，应当受到鄙夷。古今中外的所有优秀文明成果，我们都应该兼收并蓄，但绝不可泥古不化、泥洋不化，而要在中国道路的实践中融会贯通。以实践创新推动理论创新，以理论创新引导实践创新，从内容到形式，从理论架构到话语体系，一以贯之地奉行这种学术新风。我们相信，通过艰苦探索、努力创新得来的丰硕成果，将会在世界话语体系的竞争中造就立足本土的中国学派。

"中国道路"丛书具有跨学科及综合性强的特点，内容覆盖面较宽，开放性、系统性、包容性较强。其分为学术、智库报告、专访、企业史、译丛等类型，每种类型又涵盖不同类别，例如，在学术类中就涵盖文学、历史学、哲学、经济学、政治学、社会学、法学、战略学、传播学等领域。

这是一项需要进行长期努力的理论基础建设工作，这又是一项极其艰巨的系统工程。基础理论建设严重滞后，学术界理论创新观念不足等现状是制约因素之一。然而，当下中国的舆论场，存在思想乱象、理论乱象、舆论乱象，流行着种种不利于社会主义现代化事业和安定团结的错误思潮，迫切需要正面发声。

经过 60 多年的社会主义道路奠基和 30 多年的改革开放，我们积累了丰富的实践经验，迫切需要形成中国本土的理论创新和中国话语体系创新，这是树立道路自信、制度自信、理论自信、文化自信，在国际上争取话语权所必须面对的挑战。我们将与了解中国国情、认同中国改革开放发展道路、有担当精神的中国学派，共同推动这项富有战略意义的出版工程。

中信集团在中国改革开放和现代化建设中曾经发挥了独特的作用，它不仅勇于承担大型国有企业经济责任和社会责任，同时也勇于承担政治责任。它不仅是改革开放的先行者，同时也是中国道路的践行者。中信将以历史担当的使命感，来持续推动中国道路出版工程。

2014 年 8 月，中信集团成立了中信改革发展研究基金会，构建平台，凝聚力量，致力于推动中国改革发展问题的研究，并携手中信出版社共同进行"中国道路"丛书的顶层设计。

"中国道路"丛书的学术委员会和编辑委员会，由多学科多领域的专家组成。我们将进行长期的、系统性的工作，努力使"中国道路"丛书成为中国理论创新的孵化器，中国学派的探讨与交流平台，研究问题、建言献策的智库，传播思想、凝聚人心的讲坛。

孔丹

2015年10月25日

中信改革发展研究基金会课题组

组　长：孔　丹

执笔人：杨　林　叶　瑛　段甲强　于致远

成　员（按姓氏笔画排列）：

丁焕强　于致远　王俊鹏　王琳璘　卢　杰

田　辉　叶　瑛　刘颖多　李德平　杨　林

张　明　张　波　张　偲　张　锴　陈　硕

尚晓贺　季　红　周　乐　周　萍　郑阳超

胡　波　段甲强　贺　洋　秦爱民　原松琪

顾小琛　凌晓东　郭克彤　崔玉开　简　练

滕　琪　薛小霖

目录
Contents

导言

中信改革发展的实践与探索

一、中信集团的发展历程

（一）中信集团与改革开放进程紧密相连

1979 年，在邓小平同志的倡导和支持下，荣毅仁先生创办了中国国际信托投资公司[①]，并开启改革创新、引领发展、产融并举之路。

1. 引进资金。

1982 年 1 月，中信公司发行武士债券，成为新中国成立后第一家在境外融资的经济体；此后中信公司发行扬基债券，又成为首个进入美国资本市场的经济体。

2. 境外投资。

中信公司是首家在境外直接投资的公司，也是首家在境外收购商业银行的公司，还是首家在香港上市的红筹公司（原中信泰富）。

[①] 为行文便利，本书对 1979 年至 2002 年时期的中国国际信托投资公司简称为"中信公司"。2002 年中国国际信托投资公司改制更名为中国中信集团公司，2011 年中国中信集团公司改制更名为中国中信集团有限公司，本书对它们均统称为"中信集团"。

3. 行业的开创者。

中信公司是中国首家专业咨询公司，首家商业房地产公司，首家合资租赁公司，首家进入国际卫星发射市场的公司。

（二）中信集团的发展阶段

中信核心价值理念是：诚信，创新，凝聚，融合，奉献，卓越。

中信集团发展历程如图 1 所示。

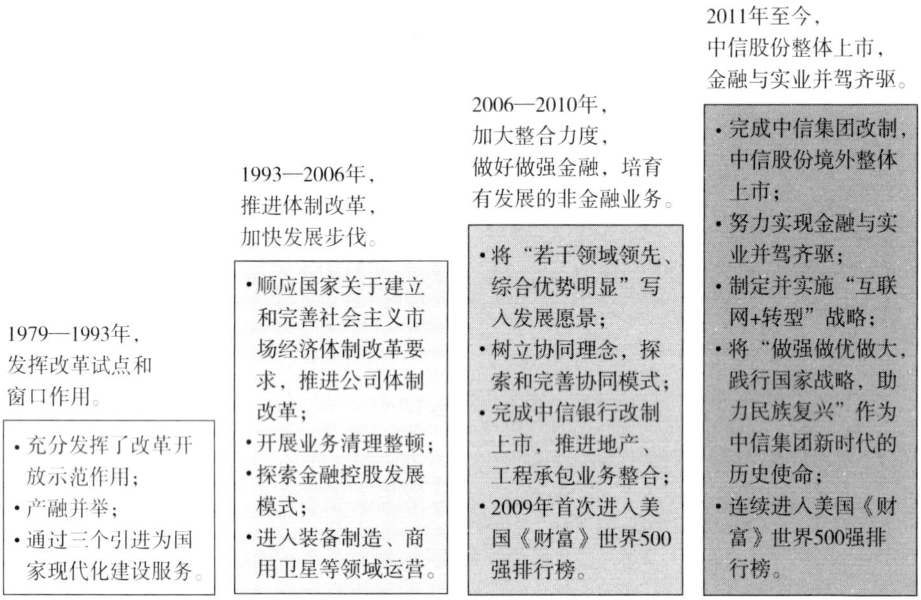

图 1　中信集团发展历程

（三）涉及业务

中信集团业务涉及金融、资源能源制造业、工程承包、房地产等领域，如图 2 所示。

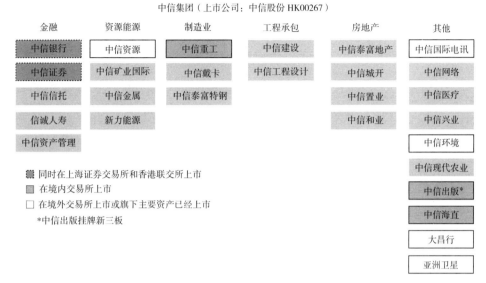

图2　中信集团涉及业务

（四）多领域居领先地位，拥有较为显著的品牌效应

中信集团连续9年进入《财富》世界500强排行榜，如图3所示。

图3　中信集团《财富》世界500强排名

（五）布局新业务

1. 节能环保。

中信股份与 KKR（科尔伯格－克拉维斯）集团联合收购在新加坡上市的联合环境技术有限公司（以下简称"联合环境"），并将其更名为中信环境技术。联合环境拥有覆盖膜生产、水厂工程建设和水务投资的全产业链平台，将在水治理领域充分发挥整合后的产品和技术优势。

2. 现代农业。

中信集团收购中国农业产业化的重点龙头企业隆平高科，成为其单一最大股东；发挥平台作用，打造种子综合服务提供商，推进隆平高科的国际化。

3. 消费业。

中信集团布局消费领域，践行金融与实业均衡发展战略。中信股份、中信资本、凯雷与麦当劳达成战略合作，进一步发展麦当劳在中国的内地和香港业务。

中信集团将借助麦当劳强大的网络和消费群体发展中信未来业务。

4. 虚拟现实。

中信集团战略投资数字王国，开发全球领先的虚拟现实（VR）及虚拟人（VH）技术，发展虚拟实境及相关技术。

5. 循环经济。

中信集团进入生物质提炼领域，采用生物质综合利用技术，推动生物质利用产业化发展。

6. 新能源。

中信集团进入光热发电领域，推动光热发电的产业化。

二、中信集团的整体上市与混改进程

（一）中信集团的成长与进步

30 多年来，中信集团秉持创新理念和多元化发展战略，伴随中国经济的成长与进步，成就了中国经济发展史上一系列成功首创，成为中国市场经济的一支重要力量，如图 4 所示。

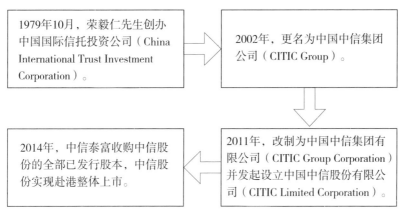

图 4　中信集团的成长与进步示意

（二）中信整体上市进程

第一步：整体上市（如图 5、6 所示）。

2014 年，中信集团将包括大部分资产的中信股份 100% 股权注入香港上市平台中信泰富（00267.HK）。本次交易中，中信股份 100% 股

◆ 2015年先后引入正大集团、伊藤忠商事等多家战略投资者，实现了股权结构多元化、国际化。

提出整体上市的设想。　　　　完成集团改制，设计整体上市方案。　　　　引入战略投资者，实现股权多元化。

2007　　　2009　　　2011　　　2014　　　2015

开始与有关部委沟通，报批。　　　　中信股份实现境外整体上市。

◆ 2014年8月25日，中信集团将所持中信股份100%股权注入中信泰富，对价2866亿港元，9月1日中信泰富更名为中信股份，中信股份实现在境外整体上市。

图5　整体上市方案实施过程示意1

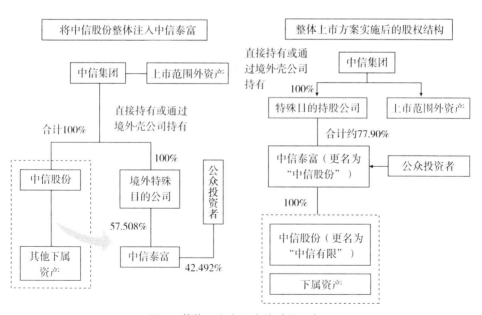

图6　整体上市方案实施过程示意2

权对价 2269 亿元（2866 亿港元），中信泰富通过现金和发行股票支付相应对价；上市公司更名为中信股份，原中信股份更名为中信有限。

第二步：引进战略投资者，加快国际化进程（如图 7 所示）。

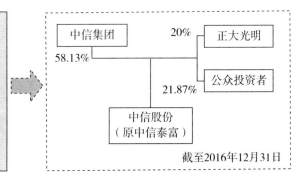

● 2015年，泰国正大集团、日本伊藤忠商事合资成立的正大光明入股中信股份，持有其20%的股份，交易金额合计约800亿港元。
● 为保证香港联交所对上市公司公众持股比例的最低要求，通过配售方式向雅戈尔集团发行8.59亿股股票。

图 7　中信集团加快国际化示意

中信集团通过优势互补、合作共赢，实现业务发展、公司治理、人才交流。

（1）业务发展。

引入战略投资者有助于中信股份进一步获取亚太地区乃至全球业务机会，各方已在电商、资源能源、医疗、消费等方面合作。

（2）公司治理。

引入战略投资者有利于中信股权结构进一步国际化和多元化，提升公司治理水平。中信集团还设立了战略与投资管理委员会，定期会晤研判市场机遇，明确合作的重点领域和重点项目。

（3）人才交流。

公司合作各方在合作中建立人才交流机制，互派员工到对方市场研修，加深对彼此发展战略与竞争优势的了解。

（三）整体上市的意义

中信整体上市是国家首次通过国际资本市场减持国企股份回收现金的成功案例，为深化国有企业改革、发展混合所有制经济做出了有益探索，为参与全球市场竞争、实施"走出去"战略、服务"一带一路"创造了更好条件。

中信的整体上市开辟了多项创新，如开创了股权整体注入红筹上市公司的国企境外上市新模式，搭建了境内外两个资本运作平台，首创"三步走"的配售安排。

（四）中信集团下属公司的混改案例

1. 党的十九大报告相关论述。

党的十九大报告提出，"要完善各类国有资产管理体制，改革国有资本授权经营体制，加快国有经济布局优化、结构调整、战略性重组，促进国有资产保值增值，推动国有资本做强做优做大，有效防止国有资产流失"；还提出，"深化国有企业改革，发展混合所有制经济，培育具有全球竞争力的世界一流企业"。

2. 中信实践。

党的十九大对国企改革提出了新的更高要求，中信集团积极推进下属公司的混改，如 2018 年 2 月 12 日，中信网络完成 49% 股权转让，交易总价为 78 亿元，引入市场化机制，优化治理结构，盘活存量资产。

三、产融协同竞争优势

（一）综合性企业产融协同发展之路

中信集团在其发展历史的几个大的阶段中，基本都坚持了产融并举。时至今日，中信集团已发展成拥有金融业、资源能源业、制造业、工程承包业、房地产业及其他业务的综合性大型企业集团。

集团的整体上市不仅在国有企业改革、发展混合所有制经济方面做出了有益探索，而且为中信未来金融与实业协同发展奠定了坚实基础。

案例：地产业务整合

中信集团通过整体上市和混改，有助于公司进一步开展进、退、整合方面的业务组合管理。

2016 年，中信集团在明确商业地产主营业务定位后，将中信地产和中信泰富内地住宅地产业务整体出售给中海地产，中信股份获得中海地产 10% 股权和价值 61 亿元的资产包，交易完成后将专注国内商业地产和城市大中型综合项目的开发运营。

（二）中信集团的协同战略

经过多年摸索，中信集团逐渐形成了六大协同模式，产融协同贯穿于其中的四个模式，如图 8 所示，其协同战略具体表现为：

（1）母子公司独立运营，实现风险隔离；

（2）金融业务并非为实业输血而生；

（3）是市场化前提条件下的协同，是符合关联交易规则的协同。

图8　中信集团的协同模式

（三）产融协同企业的竞争优势

产融协同企业的竞争优势具体表现为：

（1）"东方不亮西方亮"的抗风险能力。多元化的增长方式有利于企业分散经营风险，保持稳定性。

（2）提供多种产品和服务的综合能力。综合性企业具有为客户或地区提供多种产品或服务的能力，这是其区别于单一企业的明显优势。

（3）业务的动态调整和延伸能力。金融与实业并举的综合性企业，不仅具有较强的融资和资本运作能力，而且具备产融结合及组织实施各类项目的管理经验和能力。

（4）内外部资源的整合能力。产融协同企业依托金融平台进行产业链整合，占据价值制高点，推动产业快速发展。发挥国有资本投资运营公司作用是符合需要、顺应趋势的。像中信这样的企业有责任、有条件践行国家特殊战略，有能力优化资本布局，有必要承接管理经营性资产。

（四）新时期的发展和探索

1. 互联网 + 转型。

2016 年，中信集团制定"互联网 + 转型"战略，成立"中信云网有限公司"，建设独特的产业互联网平台，持续推动技术创新、管理创新和商业模式创新。以"中信云平台"为基础"做强"网络化，"做精"数字化，"做优"智能化。

2. 品牌主张。

2018 年 4 月，中信集团正式发布"共生共享"的品牌定位和"共创新可能"的品牌主张，挖掘丰富的产业资源，深化"大协同"，推进"互联网 + 转型"，打造独特的多元生态平台，与各方携手共创更多新的可能。

第一部分

研究背景与研究问题的提出

近年来，综合性企业集团因其良好的经营业绩和为客户提供综合服务的能力，日益受到理论界和企业界的关注。综合性企业集团与其他类型企业有何不同？其业务布局、管控机制和发展模式是什么？在中共中央、国务院对国有企业改革和金融工作提出新的更高要求背景下，在全球经济疲弱复苏、中国经济进入新常态的宏观环境下，研究综合性企业集团的发展模式，对推动国有企业改革、促进中国经济转型升级和健康发展有哪些理论意义和实践意义，是值得深入研究的重要问题。本书以中信集团金融与实业并举的综合经营格局为主要研究对象，并选择具有类似特征的国内外综合性企业开展对标分析，试图总结提炼出中信集团作为综合性企业的竞争优势、整体协同效应和价值创造逻辑，进而为推进国有企业改革提供经验和建议。

一、研究背景

（一）政策背景

国有企业是推进国家现代化、保障人民共同利益的重要力量，是党和国家事业发展的重要经济基础和政治基础。中共中央、国务院高度重视国有企业改革发展，改革开放以来，国有企业改革作为经济体制改革的中心环节，经历了从利改税到承包制、从厂长负责制到建立现代公司治理结构等过程。党的十八大以来，中央关于国有企业改革发展做出一系列部署，对国有企业改革提出了新的更高的要求，总体可以概括为六个方面：

第一，坚定不移把国企做强做优做大。习近平同志强调，"国有企业是壮大国家综合实力、保障人民共同利益的重要力量，必须理直气壮做强做优做大，不断增强活力、影响力、抗风险能力，实现国有资产保值增值"[①]。第二，习近平同志明确提出，"推进国企改革要奔着问题去，以增强企业活力、提高效率为中心"[②]。第三，明确提出以管资本为主加强国有资产监管。党的十八届三中全会通过的《中共中央关于全面深化改革若干重大问题的决定》（以下简称《决定》）提出，要完善国有资产管理体制，以管资本为主加强国有资产监管，改革国有资本授权经营体制。国有企业改革要先加强监管，防止国有资产流失。第四，以供给侧结构性改革为抓手提高国有经济质量效益。习近平同志指出，"要按照创新、协调、绿色、开放、共享的发展理念的要求，推进结构调整、创新发展、布局优化，使国有企业在供给侧结构性改革中发挥带动作用"[③]。第五，加强国有

---

① 习近平对国有企业改革作出重要指示强调 理直气壮做强做优做大国有企业 尽快在国企改革重要领域和关键环节取得新成效 [N]. 人民日报，2016-07-05.
② 中央经济工作会议在北京举行 [N]. 人民日报，2014-12-12.
③ 新华社 . 习近平：理直气壮做强做优做大国有企业 [EB/OL]. （2016-07-04）[2017-07-07]. http：//www.xinhuanet.com/fortune/2016-07/04/c_1119162333.htm.

企业党建工作。习近平同志强调，"要通过加强和完善党对国有企业的领导、加强和改进国有企业党的建设，使国有企业成为党和国家最可信赖的依靠力量，成为坚决贯彻执行党中央决策部署的重要力量，成为贯彻新发展理念、全面深化改革的重要力量，成为实施'走出去'战略、'一带一路'建设等重大战略的重要力量，成为壮大综合国力、促进经济社会发展、保障和改善民生的重要力量，成为我们党赢得具有许多新的历史特点的伟大斗争胜利的重要力量"①。第六，科学论述了国有企业改革坚持顶层设计与基层探索相结合、坚持于法有据与勇于创新相结合、坚持协调推进与问题导向相结合、坚持试点先行与容错机制相结合四个方面的改革方法论。习近平同志关于国有企业改革的重要讲话精神，构成了新时期国有企业改革发展顶层设计的四梁八柱，具有十分重要的理论意义和现实意义。

在习近平同志讲话精神指引下，党的十八届三中全会通过了《决定》，为国有企业改革指明了方向。2015 年 8 月 24 日，《中共中央、国务院关于深化国有企业改革的指导意见》（以下简称《指导意见》）印发，明确提出了分类推进国有企业改革、完善现代企业制度、完善国有资产管理体制、发展混合所有制经济、防止国有资产流失、加强和改进党对国有企业的领导等六项改革任务，是指导国有企业改革的行动纲领。

---

① 坚持党对国有企业的领导不动摇 开创国有企业党的建设新局面[N]. 人民日报，2016-10-12.

（二）宏观经济背景

从国际经济形势看，当前世界经济仍处于缓慢复苏进程，复杂性、不稳定性、不确定性将进一步凸显。传统增长引擎对经济的拉动作用减弱，新技术虽然不断涌现，但新的经济增长点尚未形成。美国新一届政府将经济增速放在重要位置，提出实施减税、贸易保护、产业回迁、基础设施建设等一系列政策，但效果尚不明朗，有待观察。欧元区和日本结构性改革滞后，人口老龄化严重，短期内很难摆脱低增长状态。新兴经济体面临外部需求低迷、负债高企、劳动生产率提升放缓等多重压力。特别值得关注的是，部分国家"逆全球化"思潮明显上扬，经济政策"内倾化"明显，保护主义抬头，民粹主义严重，在整体上了影响全球经济复苏。

从国内经济形势看，我国经济进入新常态，正在向形态更高级、分工更复杂、结构更合理的阶段演变。认识新常态，适应新常态，引领新常态，是当前和今后一个时期引领我国经济发展的大逻辑。在新常态下，我国经济运行存在不少突出矛盾和问题，当前主要表现为：产能过剩和需求结构矛盾突出，经济增长内生动力不足，金融风险易发高发。2017 年 7 月，习近平在全国金融工作会议上强调，"金融是实体经济的血脉，为实体经济服务是金融的天职，是金融的宗旨，也是防范金融风险的根本举措"[①]。他还指出，"防止发生系统性金融风险是

---

① 服务实体经济防控金融风险深化金融改革 促进经济和金融良性循环健康发展 [N]. 人民日报 . 2017-07-16.

金融工作的永恒主题。要把主动防范化解系统性金融风险放在更加重要的位置，科学防范，早识别、早预警、早发现、早处置，着力防范化解重点领域风险，着力完善金融安全防线和风险应急处置机制"。[①]

与此同时，中国经济也面临诸多机遇：一是人口城镇化带来的消费升级机遇，二是资源环境压力加大带来的绿色发展机遇，三是"互联网＋"、大数据等新技术带来的产业升级和创新发展机遇，四是以"一带一路"倡议为重点的全球经济布局机遇。

在此背景下，国家把深入推进"三去一降一补"、着力振兴实体经济、防范金融风险、推动"一带一路"倡议、推进国有企业改革等作为当前经济工作的主要任务。这既构成了国有企业发展的外部环境，也是国有企业践行国家战略、履行社会责任所应承担的具体使命。

（三）实践背景

当前，国有企业改革正处于关键阶段，各项试点工作正在有序推进。综合来看，党的十八大以来，国企改革取得的成绩主要体现在以下四个方面：第一，国企改革顶层设计不断完善。《指导意见》印发后，国务院国资委确立了以《指导意见》为引领、以若干文件为配套的"1＋N"政策体系，为国企改革提供了政策指引。第二，以管资本为主加强国有资产监管取得进展。国务院国资委以管资本为主推进职能转变，并在中粮集团等中央企业开展国有资本投资公司试点，在诚

---

① 服务实体经济防控金融风险深化金融改革 促进经济和金融良性循环健康发展 [N]. 人民日报 . 2017–07–16.

通集团、中国国新开展国有资本运营公司试点。第三，推进国有企业建立现代企业制度。通过《关于国有企业功能界定与分类的指导意见》等文件的出台，国有企业分类改革、发展、监管和考核的基本原则得到明确，完成了中央企业功能界定分类。第四，以供给侧结构性改革为重点推动中央企业产业重组合作取得进展。中央企业从 2012 年底的 115 家调整到当前的 98 家，提高了产业集中度，减少了同质化竞争，提升了专业化水平，增强了产业协同效应；在贯彻落实供给侧结构性改革、推动"三去一降一补"政策、积极参与"一带一路"建设等方面做出了积极贡献。

尽管取得了上述成绩，但国企改革仍面临一些难点问题。例如，从国有经济的布局来看，仍过于集中在传统行业，布局结构调整的行政化色彩过浓，市场化动态调整机制尚未形成；企业公司治理、经营管控、领导人员激励约束机制等也有待进一步完善。国有企业改革取得的成绩和面临的难题，构成了本书的实践背景。

（四）理论背景

通过文献梳理和分析，本书对综合性企业竞争力的分析主要依据以下理论：

第一，产业组织理论。该理论主要侧重从供给角度分析产业内部的市场结构、企业行为和经营绩效。本书在结构—行为—绩效模型的框架下，分析国企改革政策、互联网新技术等外部因素如何影响金融和实业并举的综合性企业所涉及的行业结构。金融与实业并举的特点又如何从整体战略和业务发展角度改变企业行为，影响经营绩效。

第二，资源基础理论和核心能力理论。综合来看，企业在资源、能力方面的差异是影响企业经营绩效和持续发展能力的重要因素，而作为竞争优势源泉的资源和能力应当具备以下条件：有价值，独特稀缺，其他资源无法替代，延伸性，等等。本书可据此总结提炼综合性企业竞争优势的具体表现。

第三，综合性企业的协同效应理论。基于协同理念的战略可以像纽带一样把企业多元化的业务有机联系起来，使企业更有效地利用现有的资源和优势开拓新的发展空间。多元化战略的协同效应主要表现为：通过人力、设备、资金、知识、技能、关系、品牌等资源的共享来降低成本，分散市场风险，实现规模效益。本书可据此归纳总结综合性企业中协同效应的分类和协同机制等。

第四，公司层面战略及母合优势模型。母合优势模型用来描述、分析母公司如何帮助子公司创造价值，主要有4种类型：（1）单独影响，母合价值来源于母公司通过设定基本的业绩目标，针对子公司的战略决策施加影响来提高子公司绩效；（2）联结影响，母合价值产生于子公司之间的密切合作与协同效应；（3）职能与服务影响，母合价值产生于母公司为其子公司提供行政和管理服务支持；（4）整体发展影响，母合价值产生于业务组合管理。本书可据此分析并归纳综合性企业创造价值的逻辑。

第五，科斯的交易费用理论。该理论认为，企业和市场是两种可以相互替代的资源配置机制，由于存在有限理性、机会主义、不确定性与小数目条件使得市场交易费用高昂，为了节约交易费用，企业作为代替市场的新型交易形式应运而生。交易费用决定了企业的存在，企业采取不同的组织方式最终都是为了节约交易费用。本书可据此分析综合性企业组织结构与边界平衡。

二、研究对象、研究问题和研究意义

（一）研究对象

本书以中信集团金融与实业并举的产业格局为主要研究对象，同时选择具有类似特征的通用电气、三星、伯克希尔－哈撒韦、伊藤忠、和记黄埔等境外优秀公司和华润、招商局、中粮、国开投、华为、平安、复星、阿里巴巴等境内优秀公司开展对标分析。

中信集团是在改革开放之初，在邓小平同志亲自支持下，由荣毅仁同志创办的。邓小平同志倡导创办中信的初衷在于，开辟对外开放的窗口，设立改革的试点。承担着这样一种历史使命，中信通过引进国外资金、先进技术以及先进的管理经验，按国际惯例办事，在计划经济体制下探索走市场经济的道路，服务国家经济建设。经过近40年的发展，中信集团目前已成为一个具有较大规模的国际化企业集团，也是目前国内最大的综合性企业集团之一，业务范围包括银行、证券、信托、保险、基金、资产管理等金融服务领域以及基础设施、工程承包、资源能源、机械制造、信息产业、房地产等实业投资领域，2017年名列《财富》世界500强排行榜第172位。

通用电气、三星、伯克希尔－哈撒韦、伊藤忠、和记黄埔，以及华润、招商局、中粮、国开投、华为、平安、复星、阿里巴巴等都是典型的综合性企业，从企业属性看，既有国有企业，也有民营企业和国际企业；从综合性企业的特点看，既有偏金融的综合性企业，也有偏实业的综合性企业，还有金融与实业并举的综合性企业。通过对这些企业的分析，本书试图总结提炼出中信集团作为金融与实业并举的综合性企业的协同发展模式、价值创造逻辑和竞争优势，进而为推进国企改革提供有益借鉴，也为清华、北大等高校及其他研究机构提供商业案例。

（二）研究问题

首先，金融与实业并举企业的综合性业务格局是如何形成的？业务间的协同效应和竞争优势如何体现？在深化国有企业改革进程中，如何合理确定国有企业的业务边界是一个重要问题。从经验上看，综合性国有企业因业务分布广泛，可对冲周期性风险，所以在业务规划、风险防控能力以及对国民经济的整体影响方面具有一定优势。中信集团作为典型的金融与实业协同发展的企业集团，其业务格局形成的历史过程和逻辑是什么，协同效应如何体现，是否具有竞争优势，是本书关注的首要问题。

其次，在完善国有资产管理体制的背景下，综合性国企总部的功能定位和作用如何随改革需要不断改进？党的十八届三中全会通过的《决定》提出，改革国有资本授权经营体制，组建若干国有资本运营公司，支持有条件的国有企业改组为国有资本投资公司。在此背景下，综合性国企总部的功能定位对国有资本投资运营公司的设立具有一定的研究参考意义。本书尝试通过对中信集团和其他综合性企业总部功能的梳理，为推进国有资本投资运营公司总部建设提供一些借鉴和经验。

最后，在完善现代企业制度的要求下，如何优化综合性国企的公司治理与管控模式？本轮国有企业改革的目标是建立现代企业制度，由于综合性国企业务结构多元、法人结构相对复杂，受到国内外多元化监管结构的制约，对综合性国企的研究，更有利于提出完善现代国有企业制度的有效建议。同时，按照中央关于规范金融综合运营和产融结合以防范金融风险的工作要求，如何在综合性企业做到有效管控、防范风险，也是实践中需要解决的问题。因此，本书希望通过对中信集团公司治理与管控模式的探讨，为国有企业完善现代企业制度提供参考。

（三）研究意义

开展本书研究，对于进一步推进国有企业改革，实现做强做优做大国有企业的改革目标具有重要意义。

第一，有利于国有资本投资运营公司的试点开展与推广。从国有资本投资运营公司的设立条件、功能要求来看，金融与实业并举的综合性国有企业是理想试点对象，对其进行深入研究能够为试点的推进及国有资本布局的优化创造有利条件。

第二，有利于国有企业改革找准方向、取得实效。国有企业存在的体制机制和结构性问题不仅在综合性企业中有所体现，而且在其中更容易凸显。以综合性国企面临的问题为导向，发现问题，解决问题，对于国企改革的整体推进有着重要启示和借鉴意义。

第三，有利于探寻我国经济转型升级的切入点和推进模式。综合性国企往往是国民经济的缩影，研究其如何在现代企业制度下发挥协同效应、形成综合优势，既可以为金融回归本源、更好地服务实体经济提供借鉴，也可以为推动实体经济"转方式、调结构"等提供经验。

第二部分

综合性企业的业务组合管理

　　中信集团是目前中国最大的综合性企业集团之一，业务涉及金融服务与实业投资两大领域，是典型的金融与实业协同发展的企业集团。本部分首先回顾中信集团的创新发展历程，揭示其金融与实业并举的业务格局形成的历史过程；其次介绍中信集团多元化业务格局现状，分析其综合竞争优势和整体协同效应；最后介绍与中信集团类似的企业集团的业务格局。通过上述介绍和分析，厘清金融与实业并举的综合性企业集团业务格局形成的历史脉络和内在逻辑。

一、中信集团的创新发展之路

　　中信集团是中国改革开放的产物，没有改革开放就没有中信集团。20 世纪 70 年代末，中国进入改革开放和社会主义现代化建设新的历史时期。1979 年 1 月，邓小平同志会见荣毅仁等同志，希望他们为中国对外开放和经济发展出谋划策、贡献力量。同年 2 月，荣毅仁同志向中央提交了《建议设立国际投资信托公司的一些初步设想》，很快得到邓小平等中央领导同志批准。1979 年 6 月 27 日，国务院批准成立中国国际信托投资公司。同年 7 月 8 日，新华社正式公布国务院批准成立中国国际信托投资公司的消息，同时正式公布了《中华人民共和国中外合资经营企业法》。1979 年 10 月 4 日，中国国际信托投资公司正式成立，荣毅仁同志任董事长兼总经理。国务院在批准中信公司成立的文件中指出，中信公司的主要任务是"接受各部门、各地方委托，根据《中华人民共和国中外合资经营企业法》和有关法令，引进华侨资金、外国资金和先进技术、设备，共同举办合资企业"。

中信公司成立初期，国家划拨现金 2.4 亿元；1985 年至 2002 年又相继划拨仪征化纤、原国营五四一总厂、原洛阳矿山机器厂等资产合计 23.37 亿元，拨入现金 1000 万元，通过退税增资 16.83 亿元，累计投入现金及资产 42.7 亿元。在国家投入较少的情况下，中信公司积极践行国家战略，根据改革开放进程和经济社会发展需要，在不同历史时期主动调整战略方向和业务重点，逐步发展成为一家业务涉及金融服务与实业投资诸多行业和领域的国有大型综合性跨国企业集团。2017年，中信集团名列《财富》世界 500 强排行榜第 172 位。截至 2016 年末，中信集团全年实现合并营业收入 3511 亿元人民币，合并净利润 215 亿元，其合并总资产达 65204 亿元，归属于母公司的净资产达 2904 亿元。回顾中信集团发展历程，其产融并举、综合经营业务格局的形成主要经历了四个发展阶段。

（一）发挥国家改革试点和开放窗口作用，积极创新发展，初步形成产融并举的业务格局（1979—1993 年）

1978 年 12 月，中共中央召开十一届三中全会，做出把党和国家的工作重心转移到经济建设上来，实行改革开放的历史性决策；1984 年 10 月，中共中央召开十二届三中全会，通过《中共中央关于经济体制改革的决定》；1992 年 10 月召开的党的十四大，明确了我国经济体制改革的目标是建立社会主义市场经济体制。这一时期是我国开始改革开放、探索并明确经济体制改革目标的历史转折期。

这一时期也是中信公司创立和发展的初期。1979 年 10 月至 1993 年 3 月，荣毅仁同志担任中信公司董事长（1983 年之前兼任总经理，1983 年 6 月由徐昭隆同志担任总经理，1989 年 12 月由魏鸣一同志担任总经理）。在他们的领导下，针对当时国家基础产业薄弱、资金和技术匮乏等情况，中信公司在诸多业务领域进行了卓有成效的探索与创新，成功开辟出一条通过吸收和运用外资、引进先进技术和设备及管理经验，为国家现代化建设服务的创新发展之路，迅速发展成为一家生产、技术、金融、贸易、服务"五位一体"的综合性企业集团，充分发挥了改革试点和开放窗口的重要作用；投资经营活动产生了许多国内首创与第一，甚至成为国内一些行业的创建者和市场引领者，不仅起到了重要示范作用，也为我国社会主义市场经济体制的建立积累了宝贵经验。中信公司投资和经营的重点包括：

1. 坚持把兴办实业、发展生产力放在首位。无论是在中外合资还是在自身投资业务中，中信公司都按照发挥对国家经济计划"拾遗补阙"作用的要求，将80%以上的投资集中于生产领域，主要是国民经济急需而又薄弱的能源、交通、原材料等基础工业和其他工业，如平朔煤矿、利港电厂、北黑铁路、仪征化纤、齐鲁石化、渤海铝厂等。在开展投资业务时，中信公司注重引进国外先进技术和设备，帮助国内老企业进行技术改造，如湖南株洲硬质合金厂、洛阳铜加工厂等。中信公司还投资汽车生产领域，成立戴卡轮毂制造公司，涉足汽车配件产业；合资组建北京轻型汽车有限公司；投资广州标致汽车公司，这是世界银行国际金融公司在华的第一个投资项目，也是我国汽车工业的第二个投资项目。

2. 率先利用两种资源和两个市场，在境外开展投资经营。中信公司自筹资金在海外积极慎重开展投资业务，以依赖进口的原材料工业为主营方向，在美国、加拿大、澳大利亚分别投资美国西林公司、加拿大塞舌尔纸浆厂和澳大利亚波特兰铝厂等，经营木材、纸浆、电解铝等业务，是第一家在海外大规模投资的国有企业。为促进中国香港和澳门的繁荣稳定，中信公司在香港投资第二条海底隧道建设，收购国泰航空、港龙航空、香港电讯、泰富发展、香港嘉华银行等企业；在澳门投资了澳门水泥厂和澳门电讯等企业。到1992年底，中信公司境外成立投资控股企业14家，占中国在境外投资总额的18%，投资涉及金融、工业、贸易、房地产、航运、电信、仓储、咨询、矿业、原材料、制造业等业务领域。

3. 利用外资为国家经济建设服务。中信公司首创负债经营模式，在国际金融市场融资，以弥补国内资金不足。20 世纪 80 年代初期，国家 22 项重点工程之一的江苏仪征化纤项目一期工程因资金不足濒临停工，但项目已有投入故而面临重大损失。1982 年 1 月，中信公司冲破层层阻力在日本发行了 100 亿日元武士债券，不仅救活了仪征化纤项目，而且开创了利用国际资本市场为国内经济建设服务的负债经营之路。这也是新中国成立后第一次在国际资本市场融资，中信公司成为新中国第一个在境外融资的经济体。此后，中信公司又先后十几次在国际资本市场发行债券，筹集了大量资金，在国内外产生强烈反响。中信公司率先在国际市场发债之后，众多中国企业开始在境外开展融资活动，改变了国内长期以来"既无内债也无外债"的传统观念，推动了中国改革开放的进程。中信公司成立后的十年内累计在境外发行债券和商业贷款约 30 亿美元，除去还贷，70% 用于投资业务，30% 用于金融业务。

4. 开展对外技术合作，在通信、生物技术、新材料等领域开发和推广新技术。为满足中国及亚洲其他国家和地区对卫星资源的需求，中信公司与英国大东电讯、香港和记黄埔合作成立亚洲卫星公司，投资经营亚洲一号卫星，并推动亚洲一号卫星由中国长征三号火箭成功发射，从而使中国火箭第一次进入国际商业卫星发射市场。另外，中信公司还开发经营了中英文文字处理机、数字程控用户交换机、工具酶、高磁性材料，研制了激光血球仪、棉检仪等。

5. 开展金融业务和港口贸易业务。为适应国家银行业改革趋势，中信公司在银行部基础上组建中信实业银行，这是改革开放后最早成立的全国性商业银行之一，也是国有企业创办的第一家现代商业银行。为服务国家浦东开发开放战略，中信公司在长三角地区布局业务，经国务院批准，负责成片开发宁波市北仑区大榭岛，实行经济技术开发区政策，这是我国第一个由企业主导开发建设的国家级开发区。中信公司还逐步扩大贸易业务，除为自身投资企业引进原材料、设备以及出口产品外，积极为其他企业服务，做进出口代理，尤其注重出口创汇，为国内一些产品打入国际市场开拓了渠道；积极开拓中东、中南美地区贸易。

6. 为便利外商来华投资及从事其他经济活动，积极开展服务业务。中信公司成立房地产部和中国国际经济咨询公司、中信律师事务所、中信会计师事务所、中国东方租赁有限公司、中国租赁有限公司、中信旅游公司、中信出版社等，开展房地产、租赁、商务旅游、国际经济研究、信息检索和经济书刊出版等业务，投资建设了中国第一座高档涉外商务办公楼——国际大厦，提供国际经济咨询、财会、审计、法律、企业诊断等服务，形成了比较完整的服务体系，积极服务于中外商务合作。

（二）开展清理整顿，探索金融控股模式（1993—2006 年）

1992 年 10 月，党的十四大明确我国经济体制改革的目标是建立社会主义市场经济体制；1993 年 11 月，党的十四届三中全会讨论通过了《中共中央关于建立社会主义市场经济体制若干问题的决定》；2003 年 10 月，党的十六届三中全会讨论通过了《中共中央关于完善社会主义市场经济体制若干问题的决定》；2007 年，党的十七大召开，胡锦涛同志在党的十七大报告中指出，改革开放"这场历史上从未有过的大改革大开放，极大地调动了亿万人民的积极性，使我国成功实现了从高度集中的计划经济体制到充满活力的社会主义市场经济体制、从封闭半封闭到全方位开放的伟大历史转折"[①]，我国社会主义市场经济体制初步建成。这一时期我国以建立和完善社会主义市场经济体制为目标，在财政、税收、金融、外贸、外汇、投资、流通、住房、社会保障和宏观调控等领域稳步推进一系列重大改革，使市场在资源配置中的基础性作用明显增强。

1993 年 3 月，荣毅仁同志当选为中华人民共和国副主席。国务院随后调整中信公司领导班子，魏鸣一同志任董事长，王军同志任总经理；1995 年 4 月，王军同志任董事长，秦晓同志任总经理；2000 年 7 月，孔丹同志任副董事长、总经理。中信公司继承和发扬荣毅仁同志优良的工作作风和创新精神，顺应国家关于建立和完善社会主义市场经济体制要求以及金融、房地产等领域改革趋势，先后制订并实施了中信公司十年发展计划和"八五"计划、"九五"计划、"十五"计划，与时俱进调整发展战略、发展方向和发展思路；推动业务调整，开展清理整顿，控制投资规模，夯实资本基础；明确以金融为主业，以"金融、实业和服务"为重点优化业务格局；大力拓展国际工程承包业务；全面推行经营计划管理，加强重大项目管理；举全集团之力解决制约

---

① 胡锦涛.高举中国特色社会主义伟大旗帜 为夺取全面建设小康社会新胜利而奋斗 [N].
人民日报 . 2007-10-25.

中信银行发展的不良资产等问题。

1. 开展清理整顿。根据国家开展清理整顿政策要求，中信公司深入开展发展战略研讨等活动，群策群力、集思广益，在深入讨论基础上提出了"整合、优化、发展"的工作方针，明确要进行战略性调整，既要坚持多元化经营，又要对一些业务进行集中合并。针对投资过于分散、财务压力和经营风险加大等情况，1993—1996 年，中信公司清理非生产性、经营性子公司，先后关闭了 600 多家公司；通过清算、转让撤资、停业关闭等方式，稳妥处理了一批参资项目，这次清理整顿对公司整体战略转型起到了至关重要的作用。在清理整顿的基础上，中信公司进一步明确以银行为代表的金融业务是公司发展重点，并对证券、信托、工程承包与建设、房地产开发、信息产业、资源能源、机械制造业、商贸等业务进行了一系列整合，提高了专业化经营水平和抗风险能力，形成了若干具有一定市场影响力和具备持续发展能力的优势业务，为未来发展搭建了平台、奠定了基础。

2. 改革经营体制。"十五"时期，为适应中国加入 WTO（世界贸易组织）后的市场变化，从根本上解决经营体制与国家法律法规不相适应的矛盾，中信公司按照"改革、创新、调整、发展"的工作方针，制订了经营体制改革方案。经国务院批准，2002 年，中国国际信托投资公司更名为中国中信集团公司，成为国家授权投资机构，组建中信控股有限公司，探索金融综合经营道路。这次经营体制改革是中信公司成立以来最重大的改革，是一次具有前瞻性的体制创新，有利于其发挥综合优势，全面提升整体竞争力。

3. 举全集团之力解决中信银行发展问题。中信银行是中信公司最大的子公司，对中信公司整体发展至关重要，为适应国内金融业全面开放的竞争态势，中信公司没有向国家伸手，在资金紧张的情况下，通过自身努力，全力解决中信银行在长期发展过程中积累的不良资产较多等问题。2001—2005 年，通过发债为中信银行增资 171 亿元，中信银行利润留存 27.4 亿元，利润转增资 28.5 亿元，累计提取拨备及核销不良资产 163.5 亿元，净资产从 2000 年末的 85.6 亿元提高到 2005 年末的 250 亿元，使中信银行资本充足率达到 8.18%，提前一年达到监管要求，为改制重组并上市奠定了良好基础。

4. 积极发展证券、信托等金融业务，进入装备制造领域。1993 年以后，中国金融业开始分业经营，1994 年中国证券市场快速崛起。为把握资本市场发展机遇，中信公司对证券、期货业务进行了重组，停止国际期货业务，将国内期货业务归口经营，将分散在各子公司的证券业务集中起来成立中信证券公司，并对证券自营业务进行控制，解决了证券业务过于分散、机构重叠等问题，改变了中信公司证券业务在外圈徘徊的状况。2003 年 1 月，中信证券在上海证券交易所成功上市，成为国内第一家公开上市的证券公司。此后，中信证券率先完成股权分置改革，通过收购万通证券、金通证券和华夏证券，规模不断扩大，市场份额进一步提升，行业地位持续增强，成为国内最大的证券公司。按照分业经营要求，2002 年，中信信托重新登记，承接中信公司信托业务，实现独立发展，重组后的中信信托贯彻"无边界服务，无障碍运行"的理念，增强业务创新能力，不断优化业务结构和赢利模式，逐步形成差异化的产品特色，资产质量和业务创新能力名列同业前茅，短期内确立了行业绝对领先地位。1993年12月，国务院决定将洛阳矿山机器厂（后更名为中信重型机械公司）并入中信公司，该公司资产质量差，累计亏损大，或有负债多，社会负担沉重。2002年，中信公司抓住国家鼓励国有企业通过主辅分离、辅业改制分流政策机遇对中信重型机械公司实施改革，下岗分流一批冗员，减轻了企业负担。此后，中信重型机械公司实现了快速发展，迅速成为我国装备制造领域的一支重要力量。

5. 拓展境外融资领域，推进中国香港金融业务发展。1993年7月，中信公司在美国首次发行2.5亿美元扬基债券，这是自1911年湖广铁路债券在美国发行以来，由美国投资者认购的第一笔中国公募债券，国内外给予很高评价。它改变了过去中国对商业性中长期资金的筹措主要依赖日本等亚洲国家和地区市场的局面，为中国赢得了在国际融资市场上的主动权。此后，中信公司又在国际资本市场发债或借款，既改善了债务结构，也使中信公司一些投资项目获得继续发展的动力，并在全球资本市场树立了中信信誉。2001年，中信嘉华银行收购香港华人银行；2002年7月，中信嘉华银行和香港华人银行整合，香港华人银行更名为中信嘉华银行，中信嘉华银行更名为中信国际金融控股公司；2002年2月，中信公司与中信嘉华银行合资成立中信资本市场控股公司，香港地区金融业务取得长足发展。

6. 开拓国际国内工程承包业务。国际工程承包业务是中信公司继开展海外资源能源等业务外的又一个重点发展领域，中信国华国际工程公司和中信国际合作公司是承担海外工程承包业务的主要力量。1995 年 3 月，中信公司与伊朗德黑兰地铁公司签署了德黑兰地铁一号线、二号线总承包合同，此项目是中国公司第一次按照国际惯例实施的海外工程，也是中国对外合作的典范工程。此后，中信公司在安哥拉、委内瑞拉等欧亚非拉地区的诸多国家中标了社会住房、高速公路、焦化、发电等领域的一大批项目，在国际工程承包领域打响了品牌，提升了影响力。特别需要指出的是，2003 年 8 月中信公司中标 2008 年北京奥运会主会场"鸟巢"项目；2005 年 5 月，中信-中铁建联合体成功中标阿尔及利亚东西高速公路项目，合同总金额达 60 多亿美元，标志着中国公司正式进入国际工程承包高端市场。

7. 按照"有所为、有所不为"原则果断退出一些业务领域。随着改革的推进和国家法律体系的逐步健全，中信公司原有的一些优势逐步成为劣势，资本金不足成为制约公司发展的一个关键因素。为此，中信公司先后主动退出一些业务领域，获得资金以补充资本金，优化业务结构，提升财务实力和抗风险能力。1994 年 5 月，中信公司明确境外投资将侧重在中国香港的基础设施领域，如航空、隧道等，随后中信公司择机关闭了在加拿大、美国等地的纸浆厂、造纸厂等项目；卖出中萃公司 15% 的股权，抓住时机实现投资收益，但中信公司仍为中萃公司第二大股东。1996 年，亚洲卫星公司在香港联交所和纽约证券交易所上市后，出售了 10.35% 的股份，获利 1.03 亿美元。1996 年底，中信公司以高于当时香港股市平均市盈率和充分反映中信泰富股票内在价值的价格，出售中信泰富部分股份，获得了 108.9 亿港元收入，这是当时国有企业从境外资产转让中获得的最大一笔收入，公司净资产大幅增加，资产负债率明显下降，财务状况得到很大改善，为业务发展提供了资金支持，为有效应对 1997 年亚洲金融危机和国内有效需求不足等外部环境剧烈变化带来的冲击与考验发挥了重要作用。1997 年 10 月，中信公司退出广州标致项目。2004 年，中信集团将持有的郑州日产股权转让给东风汽车集团。

（三）加大整合力度，明确重点业务，做好做强金融业务，培育有发展前景的非金融业务（2006—2010 年）

2002 年 11 月，党的十六大提出全面建设小康社会宏伟目标；2007 年召开的党的十七大，对全面建设小康社会提出了新的更高要求，并对加快转变经济发展方式、完善社会主义市场经济体制等工作进行了具体部署。中信集团认真贯彻中央重大决策和部署，继续创新发展。

2006 年 7 月，国务院调整中信集团领导班子，孔丹同志任董事长，常振明同志任副董事长、总经理。中信集团认真贯彻党的十六大和十七大精神，制订"十一五"发展规划，强调坚持"改革、创新、调整、发展"的工作方针[①]，继续把金融主业做好做强做大，大力培育和推动有发展前景的重点非金融业务，加强执行能力建设，发挥综合优势与整体协同效应，为员工施展才能提供广阔的平台，为股东创造最

---

① 中信集团"十一五"发展规划明确工作方针为"改革、创新、调整、发展"。2008 年 1 月 23 日，中信集团召开年度工作会议，在工作报告中确定了今后一个时期工作的指导思想，将工作方针修改为"改革、创新、整合、发展"。

大价值，开创中信事业的新局面；明确提出中信集团的发展愿景是"努力成为若干领域领先、综合优势明显、具有核心竞争力的国际一流大型企业集团"①；梳理和清晰业务板块，制订工程承包、房地产、资源能源、基础设施、信息产业、装备制造等行业发展规划；推进并完成商业银行、房地产、工程承包等业务整合；妥善处理中信泰富澳元期货合约危机；加强风险管理，成立风险委员会和风险管理部，推动全面风险管理建设；采取积极措施有效应对国际金融危机的冲击。中信集团 2008 年主要经营指标提前实现"十一五"发展规划目标；2009 年再创历史新高，整体经营业绩、资产质量、赢利能力和竞争力显著提升，首次进入美国《财富》世界 500 强排行榜，名列第 415 位。

1. 实现中信银行改制上市。中信银行是中信集团最大的子公司，对中信集团整体发展至关重要。国内银行业竞争日益激烈，国有商业银行通过国家大量注资和承接不良资产，完成重组改制上市，而中信集团在清理银行不良资产时没有向国家伸手，承担了巨大的财务成本，采取发债增资、利润留存、提取拨备及核销不良资产等措施，使中信银行净资产大幅提高，资本充足率提前达到监管要求，具备了改制上市条件。2007 年 4 月，中信银行成功在香港和上海同步上市，融资（美元资金和人民币资金）约合 450 亿元人民币，创造了一年内完成股

---

① 2007 年 1 月 24 日，中信集团年度工作会议报告关于"十一五"时期工作的总体要求中，明确中信集团的发展愿景是"努力成为若干领域领先、综合优势明显、具有核心竞争力的国际一流大型企业集团"。2009 年 1 月 20 日，中信集团年度工作会议报告将发展愿景调整为"努力成为综合优势明显、若干领域领先、具有核心竞争力的国际一流大型企业集团"。

份制改造、引入战投、两地上市"三步走"的时间纪录；以 3.3 倍市净率的价格向境外战略投资者西班牙对外银行转让了中信银行 5% 的股份，该价格是迄今为止我国商业银行向境外战略投资者转让股份的最高价。中信银行改制上市，成为我国国有企业依靠自身力量完成商业银行重组、改制和上市的成功范例。上市后的中信银行经营业绩快速增长，主要经营指标位居全国中小股份制商业银行前列，在中国经济和金融界地位和影响力不断提升。

2.推动重点业务整合重组。按照集团控股、子公司专业化经营思路，中信集团完成了商业银行、房地产、工程承包、机械制造等业务整合重组，提高了这些业务的综合实力和在行业内的竞争力。

第一，整合商业银行业务。中信国际金融控股公司是中信集团在中国香港控股经营的上市金融机构，也是中信金融业在境外的重要平台。在集团安排下，2008 年 11 月，中信国际金融控股公司利用国际金融危机爆发后香港资本市场调整的有利时机，成功从香港联交所退市，为集团整合商业银行业务铺平了道路。2009 年 10 月，集团向中信银行转让 70.32% 的中信国际金融控股公司股份，使集团商业银行业务形成一个有机整体，为中信银行搭建了国际化经营平台，也为中信嘉华银行发展注入了资金和活力。2010 年 5 月，中信嘉华银行更名为中信银行国际，标志着集团商业银行业务整合工作基本完成，中信银行国际作为中信银行在境外市场发展平台，与专注于中国市场的中信银行一起，共同打造国际领先的商业银行品牌。

第二，整合重组房地产业务。为抓住中国房地产发展机遇，做大做强房地产业务，中信集团以中信房地产为主体，整合中信华南集团、中信深圳集团以及中信国安集团下属海南博鳌投资控股公司和海南中信国安投资开发公司的房地产业务和资产，2007 年 12 月 24 日成立了中信房地产股份有限公司。整合后的中信房地产公司基本形成"立足京津、珠三角、长三角，有选择地进入二线城市"的全国布局，土地一级开发和二级开发的规模处于行业领先地位，品牌优势、赢利能力和资源整合能力突出。

第三，整合重组工程承包业务。工程承包业务在中信集团占有重要地位，涉及冶金、化工、电力、有色金属、基础设施、社会住房和农业种植等多个行业，遍布亚洲、非洲和拉丁美洲的近十个国家；国家体育场"鸟巢"、阿尔及利亚东西高速公路、安哥拉及委内瑞拉社会住房等一大批重大项目，在国内外产生重大影响。中信集团对开展工程承包业务的国华国际工程承包公司和中信国际合作公司资产、人员和业务进行整合，使中信建设公司成为集团工程承包业务实施主体。通过整合，中信建设公司工程承包项目规模、市场拓展能力和赢利能力不断提高，在国际工程承包领域的品牌影响力持续增强。2010 年，中信建设公司在施合同额达 156.5 亿美元，已签约待生效项目合同额达 102.4 亿美元，进入国际一流承包商行列，在 2010 年《工程新闻记录》（ENR）国际承包商排名中升至第 32 位，在上榜国内企业中排名第 6 位。

第四，重组机械制造业务。中信重型机械公司、戴卡轮毂制造公司分别改制为中信重工机械股份有限公司、中信戴卡轮毂制造股份有限公司。中信重工机械股份有限公司成功从生产型企业向研发型企业转变，保持了蓬勃发展的良好势头；以 1.85 万吨油压机为代表的"新重机工程"竣工投产，标志着中信重工已成为全球最具实力的重型装备制造商之一。中信戴卡轮毂制造股份有限公司在稳固占领国内高档汽车轮毂市场的同时，为全球 12 家最大的汽车生产商提供配件，连续多年蝉联全球最大铝车轮制造商。

3. 推动中信集团整体改制上市。为贯彻落实中央关于国有企业改革的各项部署，彻底解决中信集团融资渠道单一、业务布局分散、资产负债率相对较高、抗风险能力较低、战略协同效应有待整合、核心竞争优势有待加强等问题，以改革促管理，形成倒逼机制压力，中信集团党委经过认真研究，确定了推进整体改制上市的发展思路。这是中信集团在关键时期的历史性选择，是面对新形势、迎接新挑战、创造新优势的历史性探索，对中信集团长远发展意义重大。另外，中信集团重组改制方案还获得了国务院批准。

4. 妥善处理中信泰富澳元期货合约问题。2008 年 10 月 20 日，中信泰富澳元期货合约问题暴露后，股价暴跌，引起香港金融市场巨大震动和社会舆论高度关注。按照中共中央、国务院领导指示精神，中信集团从维护香港金融市场稳定的大局出发，经中信泰富特别股东大会通过果断实施一揽子解决方案，并得到香港特区政府和香港证监会、联交所和主要债权银行的支持。交易完成后，中信泰富恢复正常运行，财务状况渐趋稳健，各项业务顺利推进。在处理和解决中信泰富问题过程中，中信集团既帮助该公司顺利度过危机，实现了对其绝对控制，取得了较好的经济效益，使中信集团的投资实现了保值增值，也为保持香港金融市场的稳定做出了贡献。

5. 稳步推进证券、信托、保险等其他金融业务发展。中信集团按照中央关于金融工作的政策和要求，注重发挥金融业务门类齐全、资源丰富的综合优势，不断提高证券、信托、保险等其他金融业务的市场竞争力、风险控制能力和赢利能力。2006 年，中信证券向中国人寿集团和人寿股份定向增发 5 亿股 A 股股票，募集资金 46.45 亿元；2007 年，中信证券完成公开增发 3.33 亿股 A 股股票，募集资金约 250 亿元，成为国内资本规模最大的证券公司，注册资本为 33.15 亿元；之后经过转增股本，公司股本扩大到 99.46 亿股。另外，中信证券还成功整合并化解被兼并的万通证券、华夏证券和金通证券等证券公司的风险，为稳定国内证券市场做出一定贡献；全资收购华夏基金股权；增资中信证券国际，积极拓展海外业务。中信证券主要经营指标位居行业前列，成为国内规模最大、资产质量最好、公司治理严谨的证券公司。中信信托保持不断创新的业务特色，在快速稳健发展中优化业务结构，信托业务从纯融资业务向资产管理和财富管理业务转型，从非主动管理向主动管理转型，主要经营指标多年保持行业领先地位，2010 年末受托资产规模达 3302 亿元，继续居行业首位。信诚人寿业务持续健康发展，2009 年步入寿险业务赢利期，2011 年实现净利润 1.08 亿元。

6. 培育和推动有发展前景的重点非金融业务。中信集团多次研究非金融业务发展思路和发展战略，确定要大力培育和推动房地产、工程承包、资源能源、基础设施、机械制造、信息产业等重点非金融业务。（1）为适应经济社会快速发展对资源能源和基础原材料的需求，中信集团根据自身能力投资资源能源业务并取得重点突破。2006年3月，中信泰富投资收购澳大利亚磁铁矿项目，将为中国市场每年提供2400万吨稳定的铁矿石供应；同年11月，中信资源完成了印度尼西亚东部奥塞油田51%权益的收购工作；同年12月，中信集团投贷19.1亿美元，成功收购哈萨克斯坦境内的卡拉赞巴斯油田，该油田日产原油5万桶，地质储量约19.5亿桶，可采储量3.47亿桶，该项投资是中国企业在海外的第三大石油收购项目。中信裕联积极拓展矿产资源的开发和加工业务，已在国外建立铬、镍矿生产基地，在国内成功收购锦州铁合金厂90%的股份。2008年10月，中信集团与中信国安集团共同出资32.6亿元，投资白银有色集团股份有限公司（以下简称"白银信团"），占股49%，成为其最大单一股东。白银集团是国内最大的有色金属企业之一，拥有丰富的铅、锌、铜等有色金属资源，以及较强的采选冶能力和优秀的专业人才队伍。中信金属铌铁业务在国内占90%的市场份额。中信大锰锰矿总储量逾亿吨，占中国锰矿总储量的22%，位居全国之首，是国内冶金、化工等行业锰材料的重要基地，2010年成功在中国香港主板挂牌上市。中信国安集团在青海柴达木循环经济试验区投资建设的盐湖资源综合开发项目，拥有多项达到国际先进水平的自主知识产权，填补了我国盐湖资源综合开发的空白。（2）浙江省宁波市大榭岛开发建设取得重大进展，基本形成港口物流、临港石化和能源中转三大主导产业。成渝高速公路、渝黔高速公路提供了持续稳定收益。（3）中信泰富特钢是中国最大的专业生产特钢的企业。（4）中信建设承建的 2008 年北京奥运会主会场"鸟巢"，为 2008 年北京奥运会成功举办发挥了重要作用，进一步打响了中信在工程承包领域的品牌。（5）中信集团在有线电视、卫星通信等信息产业领域快速发展。亚洲卫星公司是亚太地区综合实力最强的卫星公司。

（四）推动中信集团整体改制和中信股份整体上市，搭建新的国际化发展平台，努力实现金融与实业并驾齐驱（2011 年至今）

2012 年 11 月，党的十八大提出全面建成小康社会和全面深化改革开放的目标。2013 年 11 月召开的党的十八届三中全会通过了《中共中央关于全面深化改革若干重大问题的决定》。2015 年 8 月，《中共中央、国务院关于深化国有企业改革的指导意见》出台。党的十八大以来，中央提出了"五位一体""四个全面"战略布局和"创新、协调、绿色、开放、共享"五大发展理念；做出了我国经济处于新常态的科学判断；提出了深化对外开放，实施共建"一带一路"倡议；顺应发展规律，提出要在适度扩大总需求的同时，着力加强供给侧结构性改革。党的十八大以及中共中央做出的重大改革部署，对中信集团改革发展具有重大指导意义。

2010 年 12 月，中共中央、国务院决定，常振明同志担任中信集团董事长，田国立同志担任中信集团副董事长、总经理；2013 年 5 月，王炯同志担任中信集团副董事长、总经理。中信集团以党的十八大及历次中央全会精神和习近平总书记系列重要讲话精神为指导，积极推进"十二五"和"十三五"时期改革发展各项工作，研究明确了自身在全面建成小康社会发展阶段的七项角色和使命，即：实现国有资产保值增值，探索国有企业改革发展新经验，为国家获取长期稳定的战略资源，服务国家"走出去"战略，培养国家经济建设急需的优秀人才，促进香港澳门繁荣稳定和海峡两岸交流，履行好国有企业的社会责任。另外，中信集团还提出了自身的发展使命、发展愿景、发展战略、发展理念、发展原则和工作方针等。"十二五"时期，中信集团的发展使命是"为员工提供施展才能的广阔平台，为股东创造最大价值，认真履行社会责任，为国家做出最大贡献"；发展愿景是"成为综合优势明显、若干领域领先、具有核心竞争力的国际一流大型企业集团"①；发展战略是"以客户为中心，发挥综合优势与整体协同效应，为客户提供全方位服务，实现全面协调可持续发展"；工作方针是"改革、创新、整合、发展"。"十三五"时期，中信集团的发展理念是"贯彻落实中央提出的五大发展理念，践行国家战略，履行社会责任，以市场为导向，以客户为中心，追求企业价值最大化"；发展原则是"保增长、调结构，稳金融、促实业，做减法、推整合，抓机遇、谋发展"。中信集团以上述发展思想为指导，坚持以客户为中心，以价值管理为导向，完成整体改制并实现中信股份境外整体上市；积极应对国际金融危机的冲击和考验，推动业务转型和结构调整；探索综合性企业集团管控模式，解决深层次矛盾和问题，推进对全局有重要影响的重点业务和

---

① 2016年1月召开的中信集团年度工作会议，将发展愿景调整为"成为战略引领发展、创新驱动发展、价值提升发展的国际一流综合性企业集团"。

重大项目；推进全面深化改革，加大资源整合力度，大力优化存量，主动减量，引导增量，培育新的利润增长点，布局战略性新兴产业，提升企业价值。自 2011 年以来，中信集团整体资产规模和质量、赢利能力和综合竞争力保持快速增长，连续 9 年进入美国《财富》世界 500 强排行榜。

1. 完成中信集团整体改制和中信股份整体境外上市。2011 年初，国务院正式批准中信集团整体改制上市方案，财政部批复同意中信集团整体改制为中国中信集团有限公司并发起设立中国中信股份有限公司（以下简称"中信股份"），2011 年 12 月，中国中信集团有限公司和中国中信股份有限公司正式成立，中信集团整体改制基本完成。2014 年 8 月，中信泰富引入 27 家境内外战略投资者，并以 173 亿股股票和 423 亿元人民币募集资金作为对价支付给中信集团，中信集团将中信股份注入中信泰富，实现在香港联交所整体上市。交易完成后，中信泰富更名为中国中信股份有限公司，原中国中信股份有限公司更名为中国中信有限公司。本次交易是迄今中资企业最大规模的跨境并购，是香港市场最大规模的上市公司定向配售。中信股份境外整体上市是完善国有资产管理、提升国有资本流动性的有益探索，也是国家首次通过国际资本市场减持国企股份回收现金的成功范例，对于中信股份完善治理结构、提高运营效率、拓宽融资渠道、更好地参与全球市场竞争具有重要意义。中信集团将所募资金全部上缴国家财政，受到国务院总理李克强同志的高度肯定。这是贯彻中央关于深化国有企业改革要求，实施混合所有制改革、提升国有资本流动性的有益探索，也为中信事业发展搭建了国际化平台。

2. 推进全面深化改革。2015 年 1 月，中信集团根据中央深化国有企业改革要求和自身改革发展需要，研究制定了《中信集团全面深化改革若干意见》，对涉及集团改革发展的一系列重大问题进行了阐述，明确了中信集团和中信股份的定位，即中信集团为国家 100% 持股企业，要发挥国有资本投资运营公司作用，以践行国家战略、推进中信股份健康发展为己任；中信股份作为在港上市公司，要以价值最大化为己任。中信集团还提出了今后一个时期全面深化改革的指导思想和基本原则，为集团转型升级和创新发展提供了重要原则和方法论；确立了实施人才强企战略、强化经营决策的战略导向、确立基本的商业运作模式、构建金融服务与实业投资均衡发展格局、持续整合内部业务和外部资源、积极布局新经济、建立资本投资运营与资产运营两级经营体系、以管理创新推动集团管控精细化 8 项重点任务。经过两年多的实践探索，中信集团作为金融服务与实业投资并举的综合性企业集团，在探索国有资本投资运营公司定位和经营模式、实施混合所有制、提升国有资本流动性、优化国有资本布局、健全现代企业制度、加强党的建设等方面做出了有益探索。

3. 优化业务布局，整合内外部资源，布局战略性新兴产业和消费领域。中信出版抓住行业升级和移动互联网发展的大潮，在新三板上市；中信国安完成增资扩股，中信集团在保持第一大股东地位的同时，改善了中信国安的资产质量，激发了其经营活力；北京国安足球俱乐部引进中赫置地进行增资扩股，中信集团保留俱乐部 36% 的股权；中信金属与中信裕联合并成立中信金属集团；中信建筑设计总院和中南市政设计院合并成立中信工程设计建设有限公司；合并中信新际期货和中信期货。中信集团还布局战略性新兴产业和国家重点支持的业务领域，中信环境收购联合环境，进入水处理领域；收购重庆三峰环境 13.58% 的股权，搭建固废处理发展平台；中信现代农业收购隆平高科，积极承担国家粮食安全使命；中信联合体成功中标麦当劳在中国内地和香港地区的特许经营权，中信集团收购日上免税行 20% 的股权，发力消费板块。中信国际电讯收购澳门电讯，进入基础电信运营领域；把握通信行业改革机遇，中信集团与中国广播电视网络公司签署 700MHz（兆赫）频段项目合作协议。此外，中信集团还投资 100 多亿元人民币，参与财政部等部委、国家开发银行等央企设立的农业、装备制造、航天等产业基金，支持相关产业发展。

4. 推动金融业务加强风险防控，提升价值创造能力。中信集团贯彻中央关于维护金融安全的决策部署，把防控金融风险作为工作的重中之重，部署推动金融子公司回归本源，专注主业，不断提升服务实体经济的质量和水平。中信银行践行"最佳综合融资服务银行"战略，深化体制改革，强化风险管理，全面推进经营转型。加快创新步伐，与百度合作的百信银行获中国银监会 ① 批准筹建，将开启"金融 + 互联网"新模式。中信证券不断巩固行业优势地位，加快国际化进程，已经发展为国内规模最大、最有市场竞争力的证券公司，2011 年中信证

---

① 中国银监会于 2018 年 3 月与中国保监会的职责整合，组建中国银行保险监督管理委员会。

券成功发行 H 股，成为我国首家 A+H① 上市证券公司；2013 年中信证券收购里昂证券，成为首家在全球主要市场范围内拥有广泛网络的中国证券公司。中信信托资产规模和综合排名保持行业首位。信诚人寿不断优化管理和经营机制，坚持稳健经营，实现业务快速增长。

5. 推进制造业转型升级和提质增效。根据中央"振兴实体经济"政策精神，中信集团着力提升实业投资业务的赢利能力和市场表现，支持制造业以国家创新驱动战略为指引，落实《中国制造 2025》行动纲领，加快技术和产品创新，增强核心竞争力。2012 年 7 月，中信重工在上海证券交易所上市，后来收购唐山开诚，不断扩展机器人类型和品种，提升机器人智能化水平，打造国内领先的特种机器人研发和产业化基地，此基地被国务院确定为首批企业"双创"示范基地。中信泰富特钢聚焦国家战略性新兴产业和用户需求，以关键技术研发作为支撑，生产了一系列"唯一""第一"产品，在钢铁行业整体亏损的情况下，利润率始终位居行业前列，已发展成为全球最大的特殊钢制造企业。中信戴卡以科技创新促进产业转型升级，实现从单一零部件生产向多元零部件集成的实质性突破，为实现向模块化、轻量化、集成化零部件智能制造供应商转型奠定了坚实基础；收购德国凯世曼铸造公司，新建宁波、成都和美国工厂，初步完成生产制造、销售及服务的全球布局；铝车轮产量占全球 25%，位居全球车轮行业及中国汽车零部件行业第一。

---

① A+H 指的是 A 股市场 +H 股市场，A 股是指人民币普通股，H 股是指注册地在内地、上市地在香港的国企股。

6. 服务国家"走出去"战略和"一带一路"建设，拓展海外重大项目。中澳铁矿项目是中国在海外矿业领域最大的投资项目，对保障我国铁矿石供应、促进中澳双边贸易合作具有重要意义，2016 年 6 月该项目 6 条生产线全面建设完工，进入稳产提产阶段。缅甸皎漂港是 21 世纪海上丝绸之路的重要节点，2015 年底中信联合体成功中标皎漂深水港及工业园项目。中信建设在海外建设了安哥拉凯兰巴·凯亚西社会住房（K.K. 新城）、委内瑞拉社会住房等一批优质项目；拓展"一带一路"沿线业务，成功中标白俄罗斯吉利汽车生产线、农工综合体、特种车辆厂和哈萨克斯坦公路改造等项目；签约英国总部基地伦敦皇家阿尔伯特码头项目。中信联合体收购的秘鲁邦巴斯铜矿项目实现达产和赢利，进入全球十大在产铜矿项目行列。

7. 制定并实施集团"互联网＋转型"战略。围绕践行国家"互联网＋"行动计划，推动转型升级、创新发展，中信集团制定并实施"互联网＋转型"战略，主要目的是利用云计算、大数据和物联网等新技术，打造一个开放共享的产业互联网平台，把集团内外资源、客户、服务等关联起来，充分发挥中信集团的综合优势和协同效应，实现公司价值最大化。目前，中信集团实施"互联网＋转型"战略已经初见成效，集团成立了中信云网有限公司，设立了区块链技术和应用实验室；推出中信云平台，为集团内外 96 家机构提供了云计算、大数据、物联网、区块链和双创等科技赋能服务，加快集团技术创新和数字化转型；利用移动社交技术建立"中信集团企业号"，注册用户超过 13 万，初步实现"把中信人连起来"的目标；召开"双创"大会，制定双创政策，调动各方面积极性，拥抱新技术，创造新模式；推进企业经营在线化和管控智能化，促进传统业务转型升级，打造共创共建、共生共赢的产业生态圈。

8. 大力做减法，加大对相关资产的处置力度。贯彻中央供给侧结构性改革要求和去产能、去库存政策，中信集团主动进行战略性退出，实现了资产增值，优化了业务结构和资源配置，抓住有利机会调整和理顺大榭开发区建设管理体制，将开发区管理权提前顺利移交给宁波市政府；转让澳门水泥厂 67.68% 的股权，仅保留 10.21% 的股权；转让中萃公司 15% 的股权、中萃公司下属公司郑州太古 12.86% 的股权和合肥太古 20% 的股权，获得 18 倍投资回报。中信兴业投资根据行业变化，退出宁波三菱化学。2016 年，中信集团将中信地产 100% 的股权和中信泰富内地住宅地产 100% 的股权整体出售给中海地产，从而获得中海地产 10% 的股权和价值 61 亿元的资产包；交易完成后，中信集团将专注国内商业地产业务和城市大型综合项目的开发运营。中信集团还有序退出没有竞争力和不具备发展前景的业务，退出天津公司、加拿大锯木厂、中信红河、中信生态等资产。

在近 40 年的创新发展历程中，中信集团各项业务快速发展，经营规模不断扩大，经营范围逐步拓宽，逐步形成了金融服务和实业投资并举的综合业务格局，为国家改革开放和国家现代化建设做出了应有贡献，也为综合性国有企业集团改革发展和经营管理探索积累了宝贵经验，较好地履行了国有企业的政治责任、经济责任和社会责任。中信集团的创新发展实践，是我国改革开放政策指导下的实践，是我国从计划经济体制向社会主义市场经济体制转型过程中的实践，也是国有企业坚持科学发展的实践。纵观中信集团发展历程，特别是金融与实业并举的综合业务格局形成的历程，可以得出三条经验或者结论：

第一，产融并举综合业务格局的形成是中信集团主动把握历史发展趋势、积极践行国家战略的必然结果。从 1979 年中央做出改革开放的伟大决策，逐步打破计划经济体制，到今天形成社会主义市场经济格局，从"文革"结束后中国的国民经济已濒于破产边缘，到今天发展成为世界第二大经济体、即将全面建成小康社会，中国经济社会发展日新月异、综合国力不断提升，中华民族伟大复兴展现出光辉前景。置身于这一伟大历史变革进程中，中信集团一直把自身命运与国家命运紧密相连，认真践行国家战略，根据不同时期党和国家重大方针政策和改革开放重点任务调整自身发展战略和业务重点，在服务国家发展大局的同时实现了自身快速发展。中信集团成立初期，主要发挥对国民经济"拾遗补阙"的作用，在能源、交通、原材料等基础工业和其他工业开展投资。中信集团 20 世纪 80 年代初开始在香港和澳门布局业务，在香港投资了电信、航空、基础设施、房地产、金融、消费等领域业务，在澳门投资水泥厂、电信等领域业务。在国家经济体制改革逐步深化的进程中，中信集团积极发展商业银行、证券、信托、保险等金融业务，参与和支持中国金融业改革整合发展。在国家对外开放战略实施过程中，中信集团率先利用和引进外资，在境外开展资源能源等领域直接投资，在境外开展工程承包等业务，带动中国技术和标准走出去，同时为国家换取宝贵的资源能源；目前，中信集团正在认真贯彻国家对外开放新战略，全力参与和支持习近平同志提出的"一带一路"倡议，在沿线国家开展基础设施、资源能源、金融服务等业务。可以看出，从20世纪90年代初期形成"五位一体"格局，20世纪90年代中期确立"金融、实业、服务"三大业务领域，21世纪初期明确"金融为主业，培育和发展重点非金融业务"，到目前正在坚持"金融服务与实业投资并举"战略，努力打造产业和金融协调发展的综合性企业集团，中信集团多元化业务格局经历了一个动态调整的过程，这是中信集团积极践行国家战略的必然结果。

第二，产融并举综合业务格局的形成是中信集团坚持参与市场竞争、坚持改革创新的必然结果。中信集团创建于我国计划经济体制时期，在创立及发展过程中，中信集团既要打破旧的计划经济体制束缚，又要主动适应新的市场经济体制要求，还要积极面对体制变革和日益激烈的外部竞争环境。身处改革开放的不同历史阶段和不同外部环境，中信集团坚持解放思想、与时俱进，主动参与市场竞争，主要在竞争性的行业和领域开展业务，坚持按照市场规则和国际惯例办事，坚持用改革创新的思路和办法破解发展难题，推进经营体制、管理机制、发展模式、人事制度、分配制度、风险控制机制等方面的改革，推动业务创新、商业模式创新、管理创新和技术创新。特别需要指出的是，中信集团成立初期，以极大的勇气和魄力，敢于打破计划经济体制的桎梏和封堵，率先在旧的经济体制边缘开创了一大批市场化业务和市场化模式，其中，商业房地产、资源能源、商业卫星、旅游、出版、会计咨询、法律咨询、经济咨询等业务，既能够发挥对国民经济"拾遗补阙"的作用，又呈现出一种探索性和开创性的市场化业务布局。在长期发展过程中，正是由于适应市场竞争需要，按照国有资产保值增值要求，中信集团不断开辟新的业务领域，创新型业务和商业模式不断涌现，业务领域不断拓展，始终保持了市场竞争力和整体生命力。

第三，产融并举综合业务格局的形成是中信集团履行中央企业社会责任的必然结果。近 40 年来，中信集团先后承接了一批中央或地方政府所属亏损或困难企业，以及因国家改革需要或政策调整而转制改企的事业单位，并通过体制机制调整和资金资源支持，盘活亏损或困难企业，稳步推动事业单位转制改企，实现了良性发展。其中，比较典型的主要有：（1）原洛阳矿山机器厂（现中信重工机械股份有限公司）曾是国家"一五计划"时期重点建设的 156 个项目之一，因经营困难、人员负担重等原因经有关政府部门介绍并入中信集团；（2）中国市政工程中南设计研究院和武汉市建筑设计院（现整合为中信工程设计建设有限公司）均为有关政府机构所属事业单位，由于设计单位管理体制改革需要与原主管单位脱钩并改制转企，因此并入中信集团。此外，中信集团还以划转、并购等方式承接了其他一大批困难企业或因改革需要脱钩的机构或者资产。这些都拓宽了中信集团的业务范围，使中信集团涉足装备制造、资源能源、军品生产、市政设计、建筑设计、房地产、酒店等更多领域。

总之，中信集团产融并举综合业务格局的形成是一个自然演变过程。践行国家战略、参与市场竞争、履行央企责任既是综合经营格局形成的主要原因，也是中信集团未来发展必须遵循的基本原则，还是我们研究中信集团这一类企业综合竞争力的重要切入点。

二、中信集团的业务组合格局

中信集团金融与实业并举的多元化业务格局主要包括金融服务与实业投资，具有较强的综合竞争优势和整体协同效应。在众多子公司中，中信银行、中信证券、中信信托、中信重工、中信戴卡、中信建设、中信金属、中信兴业投资、中信泰富特钢、中信出版等子公司在不同方面处于行业领先地位，也是中信集团系统内重要的子公司。

（一）金融服务

金融服务是中信集团业务格局的重要组成部分，是中信集团利润的主要来源和发展的坚定基础。中信集团拥有门类齐全的金融业务和牌照资源，涉及商业银行、证券、信托、保险、基金、期货、资产管理、财务管理等业务。

1. 商业银行业务。中信银行股份有限公司（以下简称"中信银行"）是中国改革开放后最早成立的新兴商业银行之一，也是最早由国有企业举办的商业银行之一。2007 年，中信银行实现在上海证券交易所和香港联交所"A+H"同步上市。2009 年，中信银行成功收购中信国际金融控股有限公司，控股中信银行（国际）有限公司。2011 年，中信银行圆满完成 A+H 配股再融资，奠定新阶段的发展基础。2015 年，中信银行制订了三年战略规划，确定了建设"最佳综合融资服务银行"的战略愿景；同年 11 月，中信银行与百度公司联合发起设立百信银行，预计未来可成为国内首家独立法人模式的直销银行。目前，中信银行总资产超 5 万亿元人民币，在全国 126 个大中城市设有近 1400 家营业网点，拥有员工 5 万余名。在英国《银行家》杂志 2016 年 2 月评出的"全球银行品牌 500 强排行榜"中，中信银行品牌价值达到 71.03 亿美元，排名第 34 位。在经济新常态和金融市场化的时代背景下，中信银行将充分发挥中信集团金融与实业并举的独特竞争优势，以改革创新为动力，坚持效益、质量、规模协调发展，努力建设成为业务特色鲜明、赢利能力突出、资产质量较好、重点区域领跑的最佳综合融资服务银行。中信银行拥有浙江临安中信村镇银行股份有限公司、中信金融租赁有限公司、中信国际金融控股有限公司、信银（香港）投资有限公司（原振华国际财务有限公司）4 家子公司。目前，中信集团通过中信股份、中信有限及其下属公司合计持有中信银行 65.97% 的股份。

2. 证券业务。中信集团证券业务主要通过中信证券股份有限公司（以下简称"中信证券"）和中信建投证券股份有限公司（以下简称"中信建投证券"）开展。（1）中信证券。中信证券成立于 1995 年，1999 年完成股份制改造，2003 年在上海证券交易所上市；2005 年，实施股权分置改革，在香港设立中信证券国际公司；2011 年，中信证券在香港联交所主板挂牌上市。2013 年，中信证券全资收购里昂证券，成为第一家分支机构遍及全球主要金融市场的中国证券公司。中信证券坚持走综合化经营的道路，业务范围覆盖证券、基金、期货、直投等领域，各项业务位居行业前茅，国际业务能力显著提升。中信证券旗下拥有中信证券（山东）有限责任公司、中信证券国际有限公司、中信期货有限公司、金石投资有限公司、华夏基金管理有限公司、中信证券投资有限公司 6 家主要控股子公司和中信产业投资基金管理有限公司、建投中信资产管理有限公司 2 家主要参股子公司。中信证券致力于成为全球客户最为信赖的国内领先、国际一流的中国投资银行。目前，中信集团通过中信有限及其下属公司合计持有中信证券 16.66% 的股份。（2）中信建投证券。中信建投证券成立于 2005 年（其前身为华夏证券），2011 年完成股份制改造。中信建投证券拥有中信建投期货有限公司、中信建投资本管理有限公司、中信建投（国际）金融控股有限公司、中信建投基金管理有限公司 4 家子公司，以及 16 家分公司和 5 家中心营业部，在 30 个省、市、自治区设有 225 家证券和期货营业网点。2017 年，中信建投证券成功在香港联交所上市。目前，中信证券持有中信建投证券 5.95% 的股份。

3. 信托业务。中信信托有限责任公司（以下简称"中信信托"）前身是中信兴业信托投资公司。2002 年，按照中国人民银行对中信公司经营体制改革的批复和对信托投资公司重新登记的要求，中信公司将中信兴业信托投资公司重组改制并更名为中信信托投资有限责任公司。2007 年，中信信托更名为中信信托有限责任公司。目前，中信信托已发展成为以信托业务为主业的全国性非银行金融机构，拥有行业内品种最齐全的信托产品线，并设立了中信聚信（北京）资本管理有限公司等 5 家子公司，管理资产规模达 14000 亿元，是国内资产管理规模最大、综合经营实力稳居行业领先地位的信托公司。中信信托秉承"无边界服务、无障碍运行"的经营理念，将以信托投行和服务信托为基石，推动资产管理和财富管理的发展，致力于成为《信托法》规范下综合金融解决方案的提供商和多种金融功能的集成者，并努力建设成为国内领先、综合优势明显、核心竞争力持续的智慧型信托公司。

4. 保险业务。中信保诚人寿保险有限公司（以下简称"中信保诚"）由中信集团、英国保诚集团合资成立，是中国第一家中英合资保险公司，双方各持有其 50% 的股份。目前，中信保诚拥有营销业务部、银行保险部、团险部和直复营销部四大业务部门，产品涉及保障、储蓄、投资、养老及医疗等诸多领域，为全国 80 余万名客户提供保险和理财服务。

5. 基金业务。中信集团基金业务主要通过中信证券子公司华夏基金管理有限公司（以下简称"华夏基金"）和中信信托子公司信诚基金管理有限公司（以下简称"信诚基金"）开展。（1）华夏基金。华夏基金主要经营范围为基金募集、基金销售、资产管理及中国证监会核准的其他业务。华夏基金是业务领域最广泛的基金管理公司之一，资产管理规模居于行业前列，综合实力保持行业领先。（2）信诚基金。信诚基金主要经营范围包括基金募集、基金销售、资产管理、境外证券投资管理和中国证监会许可的其他业务。凭借着中长期业绩表现，信诚基金规模稳步增长。

6. 期货业务。中信证券子公司中信期货有限公司（以下简称"中信期货"）的前身是中国第一家期货交易所——深圳有色金属交易所。2007 年，中信期货股东变更为中信证券股份有限公司。中信期货总资产、成交额、特殊法人总数、中金所持仓量等核心经营指标名列行业前茅，拥有中证资本管理（深圳）有限公司、中信盈时资产管理有限公司、中证期货国际（香港）有限公司 3 家全资子公司，共 43 家营业网点及 140 家 IB（介绍经纪商）网点遍布华北、东北、西北、华东、中南、西南地区，主要发展商品和金融期货经纪业务。

7. 资产管理业务。中信集团资产管理业务主要通过中信资产管理有限公司（以下简称"中信资产管理"）和中信信托相关子公司开展。中信资产管理主要从事资产管理、典当短期融资、融资租赁、商业保理、私募股权投资及互联网金融服务等类金融业务，拥有中安信邦资产管理有限公司、中信富通融资租赁有限公司、中信商业保理有限公司、中信恒达支付有限公司等专业子公司。中信信托通过中信信诚资产管理有限公司、中信锦绣资本管理有限责任公司、中信信惠国际资本有限公司等子公司开展特色资产管理业务。

8. 财务管理业务。中信财务有限公司（以下简称"中信财务"）一方面做好集团资金集中管理工作，发挥资金监控和资源配置等财务管理职能，降低集团的外部融资比例和财务风险；另一方面探索类金融业务，为集团搭建新的融资平台，服务好集团内非金融企业，创造经济效益。在 19 家投资控股类集团所属财务公司中，中信财务的资产总额、利润总额和净资产收益率分别位列第 1 位、第 2 位和第 1 位。

（二）实业投资

中信集团拥有一批实力较强、发展前景良好的实业投资业务，主要包括资源能源、装备制造、工程承包、房地产、基础设施、信息产业以及其他服务业务。

1.资源能源业务。中信集团资源能源业务主要通过中信金属集团有限公司（以下简称"中信金属"）、中信裕联控股有限公司（以下简称"中信裕联控股"）、中信资源控股有限公司（以下简称"中信资源"）、中信矿业国际有限公司（以下简称"中信矿业国际"）和新力能源开发有限公司（以下简称"新力能源"）等子公司开展。

（1）中信金属。它由中信金属有限公司和中信裕联投资有限公司于2016年整合而成。中信金属主要从事冶金原材料、冶金产品的贸易业务和实业投资业务，经营铌产品、铁矿石、钢材、有色金属、煤炭、机电产品、化工产品等。中信金属是世界上最大的铌产品生产商——巴西矿冶公司在中国的独家分销商，是中国主要的铁矿石进口贸易商之一，是钢铁、有色金属和煤炭贸易领域重要的贸易商。它投资的西部超导材料科技有限公司是目前全球唯一拥有从低温超导锭棒材到线材规模化生产能力的企业，投资的中博世金科贸有限公司是国内最大的铂金进出口贸易商。中信金属牵头宝钢、鞍钢、首钢、太钢四家钢企，于2011年出资19.5亿美元收购巴西矿冶公司15%的股份，是中国企业组建联合体进行境外并购的经典案例；联合中信信托，于2012年底实现控股的天津贵金属交易所，是国内重要的贵金属交易平台。另外，中信金属联合五矿资源有限公司、国新国际有限公司，于 2015 年收购嘉能可持有的秘鲁邦巴斯铜矿项目 100% 的股权，是中国目前对外收购规模最大的矿业项目，中信金属占联合体 15% 的股份。中信裕联投资成立于 1991 年，以兼并、参股、联营等方式拓展矿业资源开发业务，是一家集采矿、矿产加工、贵金属贸易为一体的综合性矿产资源开发企业。中信裕联投资拥有中国最大的铂金进出口公司中博世金科贸有限责任公司，并与中信资源联合控股中信大锰控股有限公司，近年来积极开发消费型矿产资源，合资成立了中信北票矿产资源开发有限公司开发辽宁省北票市的玛瑙资源。

（2）中信裕联控股。中信裕联控股通过中信锦州金属股份有限公司和锦州钛业有限公司开展金属、化工产品的研发、生产及销售。中信锦州金属是新中国成立后被确立的国家"一五计划"期间 156 个重点建设项目之一，拥有特种铁合金生产、科研基地，具备火法冶金、湿法冶金全流程的生产工艺，以及中国最大的锰铁、金属铬、钛白粉生产基地与钒、钛、锆、铪产品加工基地，有 61 种产品填补了国内空白。锦州钛业是中国大陆唯一集高档氯化法钛白粉研发、生产与销售于一体的国家级高新技术企业，在业内被公认为是"中国氯化法钛白领军企业"，为中国钛白产业发展做出了突出贡献。

（3）中信资源。中信资源是香港联交所上市公司，中信集团于 2004 年成为其控股股东。中信资源定位为重要商品和具有策略价值的天然资源综合供应商，尤其专注于石油及煤上游投资。其油田业务主要通过哈萨克斯坦卡拉赞巴斯油田、辽宁月东油田、印度尼西亚 Seram

Non-Bula油田[1]开展，煤、氧化铝等业务主要通过中信资源澳大利亚公司开展，锰业务主要通过与中信裕联投资联合控股的中信大锰控股有限公司开展。

中信大锰控股有限公司是香港联交所上市公司，拥有中国最多的锰矿资源，是全球最大的垂直综合锰生产商之一，在生产链各阶段生产及销售锰产品，同时也是全球最大的电解金属锰生产商。其主要子公司中信大锰矿业有限责任公司是集采、选、冶于一体的锰系产品生产与研发大型跨国公司。

（4）中信矿业国际。中信矿业国际主要从事铁矿石开采、加工生产磁铁精矿粉及对外销售等业务，其所持100%股权的中澳铁矿项目（Sino Iron）设计年生产磁铁精矿粉能力为2400万吨，是中信集团在海外建设的最大资源项目及铁矿石生产基地，也是中国在澳大利亚资源行业最大的投资项目。2016年，中澳铁矿项目实现6条生产线并线运行。

（5）新力能源。新力能源业务范围包括发电、煤矿开采、煤炭贸易、航运、码头物流、资源综合利用、电力检修、垃圾处理等，先后参与了江苏利港电厂、郑州新力电力有限公司郑州热电厂等多家电力项目的投资建设及经营管理工作，通过中信张北新能源开发有限公司等向开发新能源、环保项目转型。新力能源拥有国内第一家利用外资建设的大型火力发电企业——江苏利港电厂。

---

① Seram Non-Bula 油田是印度尼西亚位于斯兰岛（Seram）的石油开采区块。

2. 装备制造业务。中信集团制造业务主要通过中信重工机械股份有限公司（以下简称"中信重工"）、中信戴卡股份有限公司（以下简称"中信戴卡"）和中信泰富子公司中信泰富特钢集团有限公司（以下简称"中信泰富特钢集团"）开展。

（1）中信重工。中信重工原名洛阳矿山机器厂，是国家"一五计划"期间兴建的156项重点工程之一，1993年并入中信集团，2012年在上海证券交易所成功挂牌并上市交易。2015年12月，中信重工收购唐山开诚电控设备集团有限公司，成立中信重工开诚智能装备有限公司，布局特种机器人、矿山传动及自动化产品等智能装备制造业。历经60余年的建设与发展，中信重工已成为国家级创新型企业和高新技术企业，世界最大的矿业装备和水泥装备制造商之一，中国最大的重型机械制造企业之一，拥有"洛矿"牌大型球磨机、大型减速机、大型辊压机、大型水泥回转窑四项中国名牌产品，被誉为"中国工业的脊梁，重大装备的摇篮"。中信重工以技术创新为核心战略，开发拥有"年产千万吨级超深矿建井及提升装备设计及制造技术"等20多项核心技术，形成了大型化、集成化、成套化、低碳化的绿色产业新格局。中信重工拥有国家首批认定的国家级企业技术中心，在全国887家国家级技术中心位列前十；旗下洛阳矿山机械工程设计研究院，是国内最大的矿山机械综合性技术开发研究机构，具有甲级机械工程设计和工程总承包资质；拥有国家重点实验室——"矿山重型装备实验室"，成立了院士专家顾问委员会，形成了一支由业内各领域科学泰斗组成的高层次专家团队和高智力创新载体。中信重工是国家首批确定的50家国际化经营企业之一，致力于打造全球化的营销与服务网络，在西班牙、澳大利亚、巴西等国家和地区设立分公司或办事处；独家买断SMCC（选矿咨询实验室）的100%知识产权，成为全球最先进的选矿工艺技术的拥有者。中信重工将加快推进企业转型升级、提质增效，打造"核心制造+综合服务商"的新型商业模式，不断提升赢利能力和可持续发展能力，努力发展成为具有投资价值的上市公司和具有国际竞争力的现代制造企业。

（2）中信戴卡。中信戴卡是中国大陆第一家铝车轮制造企业。1988年，中国大陆第一只铝合金车轮在戴卡诞生。1993年，以为北京吉普配套为标志，中信戴卡正式进入国内整车配套市场。2000年，中信戴卡正式成为德国奥迪车配套供应商，成为国内第一家率先进入国外整车配套市场的企业；2007年，完成股份制改造；2011年，收购德国KSM（凯斯曼）铸造集团，由单一铝车轮制造企业发展成为铝车轮制造、动力总成、底盘、装备制造、模具制造、产品表面工程等多元产品平台的全球化大型汽车零件企业集团。目前，中信戴卡已发展成为全球最大的铝车轮和铝制底盘零部件供应商，铝车轮全球市场份额达到25%，排名第一，国内市场份额达43%；拥有全资子公司6家，控股、参股企业11家，国内外生产基地25个。

（3）中信泰富特钢集团。中信泰富特钢集团产能规模达900万吨，拥有全球专业化规模最大的特殊钢制造集团和中国最大的轴承钢生产基地，是我国特钢市场的引领者、主导者和行业标准制定者。中信泰富特钢集团拥有江阴兴澄特种钢铁有限公司、湖北新冶钢有限公司、铜陵泰富特种材料有限公司和扬州泰富特种材料有限公司等实体子公司，形成了沿长江流域产业链战略布局。其中，江阴兴澄特种钢铁有限公司为国家火炬计划重点高新技术企业，为全球60多个国家和地区的用户提供多规格、多品种、高品质的特殊钢产品及整体服务方案，是全球产品规格最全、生产规模最大的特殊钢棒、线、板卷材单体生产企业。湖北新冶钢有限公司是中国现存最早的钢铁企业之一，其前身大冶钢铁厂是清末汉冶萍煤铁厂矿有限公司的重要组成部分。它是中国生产特钢品种和规格最全的特钢企业之一，拥有中国合金钢棒材生产基地、中国特种无缝钢管生产基地和中国特冶锻材生产基地，为中国第一颗人造地球卫星、神舟系列飞船、"天宫一号"等项目提供关键部件用钢，为国家经济建设和国防装备事业做出了巨大贡献。

3. 工程承包业务。中信集团工程承包业务主要通过中信建设有限责任公司（以下简称"中信建设"）、中信工程设计建设有限公司（以下简称"中信工程设计"）等子公司开展。

（1）中信建设。中信建设是中信集团在工程承包领域唯一的全资一级子公司。在2016年ENR全球最大250家国际承包商排名中，中信建设名列第52位，在中国企业中名列第9位；公司净资产收益率、人均合同额、人均营业收入、人均净利润等均居行业领先水平。中信建设致力于为业主提供包括项目可行性研究、立项、融资、工程建设及运营服务在内的、全生命周期的"一揽子"解决方案；主要涉及基础设施、民用建筑、工业项目等领域工程总承包及机电设备进出口业务，探索进入能源资源、农业等相关产业。中信建设积极践行国家"走出去"战略和"一带一路"倡议，在多个海外市场拥有分支机构，已经形成以非洲、拉美、中亚等区域为主的海外市场布局，同时也在探索进入英国等发达国家市场，2015 年，承包伦敦皇家阿尔伯特码头项目。中信建设的代表性工程有：中国国家体育场、安哥拉十万套 RED（瑞德）社会住房项目、委内瑞拉蒂乌娜社会住房项目、安哥拉地质调查项目、委内瑞拉全国地质矿产调查项目、重庆沿江高速公路项目、哈萨克斯坦沥青厂项目等。"十二五"时期，中信建设坚持以投融资及为业主前期服务为先导取得工程总承包资格，以工程总承包带动相关产业发展，逐步从单一的工程承包商向集咨询、投融资、工程承包、运营于一体的国际工程建设综合服务商转型。"十三五"期间，中信建设将"充分发挥中信集团综合优势，科学管理，创造精品；树立品牌，规模经营"，努力"成为国内外工程承包领域中顾客满意、员工自豪的国际领先的工程建设综合服务商"。

（2）中信工程设计。2013 年，中信集团对中国市政工程中南设计研究总院有限公司和中信建筑设计研究总院有限公司进行战略重组，成立中信工程设计。中信工程设计在全国 30 多个省市设有分支机构，公司业务聚焦于新型城镇化和生态文明两大领域，开展咨询、规划、设计、勘察和以设计为指导的工程总承包业务，主要从事建筑工程、市政基础设施和环境保护等领域的投资建设运营业务。中信工程设计于 2015 年中标武汉市江夏区清水入江项目，于 2016 年成功中标武汉市光谷森林大道项目，标志着公司转型迈出实质性的步伐。

中国市政工程中南设计研究总院是策划、咨询、勘察、设计、建造、运营等项目建设全过程一揽子解决方案的提供商和实施者，在给水处理、污水处理、城市垃圾处理、燃气工程、隧道桥梁道路工程设计领域处于行业前三甲，连续多年进入全国勘察设计企业勘察设计收入 50 强。

中信建筑设计研究总院有限公司设计经营活动遍布全国，并在近30 个国家和地区承接了大量设计和工程咨询任务，涉及规划、建筑、市政、园林景观等行业。它是持有甲级建筑工程设计证书、甲级城乡规划编制证书、甲级市政行业（道路工程、桥梁工程、隧道工程）证书、甲级建筑专业工程咨询证书的大型综合性建筑设计院，是一类房屋建筑工程施工图设计文件审查机构，是商务部认定的"骨干企业"之一，连续入选美国《工程新闻记录》和中国《建筑时报》合作评选的"中国工程设计企业 60 强"。

4.房地产及基础设施业务。中信集团房地产业务主要通过中信城市开发运营有限责任公司（以下简称"中信城开"）、中信和业投资有限公司（以下简称"中信和业"）、中信置业有限公司（以下简称"中信置业"）、中信资产运营有限公司（以下简称"中信资产运营"）和中信泰富子公司中信泰富（中国）投资有限公司（以下简称"泰富中投"）开展；基础设施业务主要通过中信兴业投资子公司开展。

（1）中信城开。2016 年，中信集团与中海外集团进行了重大资产交易，将中信地产大部分二级住宅类业务出售给中海地产，同时成立中信城开，作为承接未纳入交易范围资产的管理平台以及未来中信集团开展地产类相关业务的发展平台之一。中信城开在妥善处理存量资产的基础上，通过"地产＋金融"的业务模式，积极孵化并拓展新业务。

目前，中信城开成立了中信城市发展基金管理有限公司，主要投资方向为一级开发、城市旧改等。

（2）中信和业。中信和业主要业务为北京市朝阳区 CBD（中央商务区）核心区 Z15 地块项目（中国尊）开发建设。中信和业结合国际大型项目管理经验，构建了一套专业、高效、规范的超高层建筑开发建设管理体系，推动中国尊的多项设计品质达到国内乃至国际领先水平，同时开发速度持续领跑 CBD 核心区。

（3）中信置业。中信置业以北京光华里项目为起点和重点，专注于金融地产、商业地产开发运营，发展有核心竞争优势和良好前景的地产投资业务，实现金融平台和地产投资业务相互促进。2015 年，中信置业引入珠海横琴信成作为战略投资者。2016 年，首旅集团、中信集团、中赫集团共同出资设立光华里项目的开发运营主体中信长安置业（北京）有限公司。

（4）中信资产运营。2016 年，中信集团对京城大厦有限责任公司和国际大厦物业管理有限公司进行整合，成立中信资产运营。两座大厦目前以办公及公寓租赁、商务会议服务、餐饮、停车场、保洁、装修服务为主。中信资产运营将积极应对存量时代的不动产资产管理趋势，围绕企业和消费者需求，导入集团各产业资源进行增值服务，推进商业办公的价值创新和金融创新，适时开展商办金融、社区经营、养老服务等新业务，为中信股份提供稳定的现金流，为集团房地产板块投资管理业务升级提供重要支撑。

（5）泰富中投。泰富中投成立于 2000 年，是中信泰富内地地产业务投资及管理平台。泰富中投以投资高端商办和中高端住宅为主，坚持"房地产开发经营＋地产金融"双轮驱动的发展战略，形成以"房地产开发＋商用置业＋物业管理"三线分设的业务模式；同时，坚持区域深耕战略，在长三角地区主要城市和海南省投资开发了十多个高端项目，主要包括上海的中信泰富广场和陆家嘴滨江金融城、海南万宁的神州半岛、江苏无锡太湖锦园、扬州锦苑等。

5. 综合投资业务。中信集团综合投资业务主要通过中信泰富有限公司（以下简称"中信泰富"）、中信兴业投资集团有限公司（以下简称"中信兴业投资"）和中信国安集团有限公司（以下简称"中信国安集团"）开展。

（1）中信泰富。中信泰富成立于 1992 年。2014 年，为配合中信股份整体上市，原中信泰富正式更名为中国中信股份有限公司。目前，中信泰富通过中信泰富特钢、新力能源、泰富中投和大昌行等开展特钢生产、物业发展、能源及民用基础设施等业务。

（2）中信兴业投资。中信兴业投资是中信集团进行实业投资及培育新产业的重要平台。其通过在实业投资领域的不断探索和突破，逐步形成了基础设施、现代服务、高端制造、现代农业四大产业领域板块。中信兴业投资主要通过中信基建、中信港口等公司开展高速公路、港口码头、围涂等基础设施业务；通过中信养老开展商业养老业务；通过中信港通国际物流有限公司开展仓储物流业务，投资中信港通梅山国际汽车物流中心项目；通过中信现代农业开展现代农业业务；通过中信戴卡等开展高端制造业务。

（3）中信国安集团。中信国安集团是一家经营行业涉及信息网络、金融、健康养老、文化旅游、房地产、资源开发、酒业等领域的大型综合性企业集团。其子公司主要包括中信国安信息产业股份有限公司（已在深圳证券交易所上市）、中信国安旅游投资有限责任公司、中信国安有限公司、白银有色集团股份有限公司、中信国安葡萄酒业股份有限公司（已在上海证券交易所上市）、中信国安投资有限公司、世纪爱晚投资有限公司等。

6. 信息业务。中信集团信息业务主要通过中信云网有限公司（以下简称"中信云网"）、中信国际电讯集团有限公司（以下简称"中信国际电讯"）和中信网络有限公司（以下简称"中信网络"）开展。

（1）中信云网。中信云网是中信集团出资成立的产业互联网赋能平台服务型公司。中信云网是按照公司化运营的集团级专项工作推进机构，是功能性平台企业，短期内不以赢利为主要目标，而专注产业互联网赋能平台的建设和运营，通过平台的应用和数据积累形成价值。

（2）中信国际电讯。中信国际电讯是香港联交所上市公司，于2010年和2013年分两次收购澳门电讯股权，成为澳门电讯的绝对控股股东。中信国际电讯围绕"以中国内地市场为基础，以港澳为基地和桥梁，加快向国际市场拓展"的发展战略，形成国际电信业务、企业通信业务、区域综合电信业务三大业务板块，成为亚太区最大的中立国际电信服务商之一，大中华区VPN（虚拟专用网络）高端服务的领导者，也是中国澳门地区开展全业务的综合运营商。

（3）中信网络。中信网络业务范围主要包括基础电信业务（网络元素出租出售业务、卫星转发器出租出售业务）、增值电信业务（互联网接入服务业务、国内甚小口径终端地球站通信业务）和其他通信业务。中信网络可以为客户提供专业的长途传输服务，满足各类用户的长途组网需求；还可以提供互联网接入服务，帮助客户建立高速上网通道，降低互联网出口成本。

7. 其他业务。中信集团其他业务主要包括出版、通用航空、环保、现代农业、消费互联网、医疗健康等。

（1）出版。中信出版集团股份有限公司（以下简称"中信出版"）拥有国家新闻出版管理机构颁发的出版、发行、零售全牌照。2015年，中信出版登陆新三板资本市场，成为此市场首家国有出版公司。中信出版提出"从中国看世界，把时间变成历史"的理念，引领和满足大众读者多样化的知识与文化需求，近30年来在财经类图书零售市场始终名列前茅，目前已在社科出版市场排名前三，成为有较强市场影响力的国有出版社；同时，中信出版还将业务范围从原有的图书音像、电子书的出版和发行，拓展到连锁书店、读者会员服务、教育培训、文化增值服务等领域。截至2018年3月，中信书店共运营店面84家，其中有69家机场书店，15家城市书店，是亚太地区最大的机场书店连锁品牌。2013年，中信出版成立中信联合云科技，进入社会化阅读服务及数字业务领域，专注于电子书策划出版，以及数字阅读产品的整合、分销与传播以及文创服务等业务。中信出版还与美国Kaplan（楷岚）教育集团共同出资组建中信楷岚教育，致力于提供职业教育和国际教育服务。

（2）通用航空。中信海洋直升机股份有限公司（以下简称"中信海直"）是国内首家且唯一的一家在主板市场上市的通用航空公司，是中国规模最大、技术最先进、实力最强的甲类通用航空企业，也是亚洲最大的通用航空运营商之一。中信海直围绕通航产业链，全面布局"海上飞行、陆上通航、通航维修、培训等新业务、资本运营"五大业务板块，主要服务包括海洋石油服务、港口引航、航空护林、电力巡线、航空医疗救护、航空器代管等。

（3）环保。中信环境投资集团有限公司（以下简称"中信环境"）成立于 2008 年，是中信集团节能环保平台。中信环境定位于节能减排、低碳经济、新能源、新材料、生态产业等环保领域的投资运营。自成立以来，中信环境通过并购、直接投资、股权投资等多种方式，布局水务处理、固废处置、节能服务三大战略业务板块，并在智慧城市、碳金融等前瞻性细分领域进行了尝试。2015 年，中信环境成功收购了新加坡上市公司联合环境技术有限公司 54.87% 的股权，更名为中信环境技术有限公司，在水处理领域迈出了跨越式发展的一步；2016年，中信环境收购重庆三峰环境 13.58% 的股权，搭建固废处理发展平台。中信环境将依托中信集团综合资源优势，积极整合市场资源，逐步发展成为国内环保领域领先的资产管理和资本运营紧密结合的专业化投资运管旗舰平台，真正成为中信集团的战略新兴产业和新的利润增长点。

（4）现代农业。2014 年，中信兴业投资与中信建设共同出资设立中信现代农业投资股份有限公司，主要投资方向是围绕新型农业生产主体的科技、金融和农资服务等，构建现代农业生产的服务体系，整合并升级农业上游产业。2016 年，中信兴业投资与中信建设联合中信并购基金共同出资认购国内种业龙头企业隆平高科非公开发行的股票，合计持股比例为 8.71%，成为其第一大股东和实际控制人，进入关系国家安全的战略性产业领域，为进一步整合行业资源、寻求国内外合作奠定了基础。

（5）消费互联网。中信控股有限责任公司（以下简称"中信控股"）成立于 2002 年，拥有中信乐益通商务科技有限公司、中信易家电子商务有限公司及两家海外项目投资公司。中信控股遵循以客户为中心的指导思想，利用中信集团资源，着力建设"中信 e 家"新型消费互联网平台，构建智慧生活生态圈。同时，按照中信集团战略转型要求，中信控股承担集团战略性投资任务，发挥趋势性、功能性和成长性投资管理平台功能，为集团整合客户资源，集聚线下消费业务，依托线上线下平台打造消费业务板块。

（6）医疗健康。中信医疗健康产业集团（以下简称"中信医疗"）实施"三位一体"的发展战略，资产经营、资本运营、轻资产运作相结合，各业务板块一体化发展。中信医疗主要通过中信湘雅生殖与遗传专科医院、杭州整形医院、中信惠州医院、中信运城医院（五四一总医院）、汕尾市人民医院等开展医疗服务，并通过发挥现有的医疗服务资源优势，创建有中信特色的"医康养护"相结合的养老新模式；通过中信健康（深圳）投资管理有限公司开展健康管理业务；通过中信医药（深圳）销售有限公司开展医药配送业务。中信医疗还开展商业养老业务，经营范围包括养老产业投资及资产经营、养老产业咨询、健康管理咨询、物业管理等，目前在有序推进崇明有关项目和市区介护项目。

总体上看，中信集团现有业务组合具有规模大、领域广、涉及国民经济诸多行业等特点，但从业务结构及赢利贡献来看，还存在一些突出问题，主要是业务组合存在缺陷，金融服务与实业投资业务规模与贡献不均衡；传统产业和强周期产业多，价值增长空间受限；行业龙头企业面临外部日益激烈的竞争；沉淀了一批低效、无效资产。中信集团对此有清醒认识，近年来逐步加大了业务结构调整力度，积极优化资源配置和业务布局，在"十三五"发展规划中明确了以迭代更替的方式进行投资与业务组合、达到提升整体价值创造的目的。中信集团未来的投资逻辑是要追求权益利润的增长，并充分考虑对现有业务的价值贡献，实现对现有业务发展的支持；要遵循价值导向，果断把握战略转型期出现的机遇，布局战略性新兴产业。其主要包括：开展趋势性投资，基于中国经济增长和市场改革、国民收入与日俱增带来的系统性机会，关注市场改革、产业整合、信息革命、美好生活领域的投资机会；开展功能性投资，为支持中信集团进行股权投资和大项目并购提供长期、稳定、低成本、灵活的资本；开展战略性投资，进入资源性基础产业，做市场容量大、需求刚性的业务。同时，开拓政府长期主导、资源的稀缺性在价格上得不到正常反映、产业集中度低、长期有效供给不足的战略性支柱产业和新兴产业；开展价值性投资，为进一步提升企业赢利能力和产品品质、巩固市场基础的产业投资，通过价值性投资提升资本、技术和资源的回报效率并形成良性循环。近两年，中信集团积极布局战略性新兴产业、现代农业、消费等领域，业务结构调整取得积极进展。

三、中信集团的协同战略与综合优势

中信集团产业和金融并举的综合性业务格局具有抗风险能力强、战略布局能力强以及业务领域可延伸性强等优势。特别是不同子公司能够发挥协同效应，为客户提供综合服务，满足客户多元化需求，这是中信集团最大的竞争优势。近年来，中信集团注重发挥整体协同效应，积极推动协同工作的组织建设、制度建设、机制建设和模式建设，使中信集团整体保持了较强的生命力和竞争力。

（一）树立协同理念

管理学家安索夫在其著作《公司战略》中将协同认定为集团战略的四大要素之一。波特在《竞争优势》中甚至指出，多元化集团存在的唯一理由就是获取协同效应。协同效应是指通过战略指导，使集团的整体经营表现优于原先各个企业独立经营表现之和。

中信集团把协同作为参与市场竞争的重要理念和发展战略的重要内容。常振明董事长指出，"中信集团是一家大型综合性企业集团，业务涵盖各个方面，这种公司在经营管理上面临很大的挑战，国外这类公司也是很少的，在这中间是什么把我们每个公司连在一起，主要是客户，发挥协同效应是集团商业模式的重要组成部分，协同应该是我们整个集团公司的经营哲学"。王炯总经理指出，"中信集团是一个多元化的企业，集团内金融、实业各板块的协同已经形成了文化，建立了相应的体制机制，协同已经上升到中信集团的战略高度"。

中信集团把协同上升为经营理念和基本战略，经历了一个逐步探索的过程。在中信集团2007年年度工作会议上，时任中信集团董事长孔丹同志指出，"与竞争对手相比，我们在很多方面都不具备优势，实际上，我们的很多业务都可以形成综合优势，比如阿尔及利亚高速公路项目所带来的金融商机，可以提供给我们的金融子公司。这里的关键是正确认识和处理好关联交易，需要我们认真研究。如果不把综合优势发挥出来，将来集团公司可能会出很大问题"。此次年度工作会议在布置"十一五"时期工作时指出要"加强执行能力建设，发挥集团公司综合优势与整体协同效应，为员工施展才能提供广阔的平台，为股东创造最大价值，开创中信事业的新局面"，首次提出要发挥"综合优势与整体协同效应"。经过几年探索，2011年1月中信集团工作会议明确要"树立并践行以客户为中心的经营理念，提升为客户提供全方位服务的能力"，正式提出"以客户为中心，将是中信集团长期追求的经营理念"，并把这一经营理念明确在集团发展战略中，指出中信集团"十二五"时期的发展战略是"以客户为中心，发挥综合优势与整体协同效应，为客户提供全方位服务，实现全面协调可持续发展"。2013年1月，中信集团工作会议指出，"客户资源是连接集团各行业不同子公司的重要纽带，为客户提供一揽子服务是集团的重要优势。经过努力，集团已基本形成协同共识，要继续强化以客户为中心理念，把协同共识转化为自觉行动，明确协同主体和责任，搭建客户综合服务体系和业务协同平台，建立信息交流和利益分享机制，进一步提高协同质量"。2016 年，中信集团工作会议明确，"十三五"时期集团的发展理念是"贯彻落实中央提出的创新、协调、绿色、开放、共享的发展理念，践行国家战略，履行社会责任，以市场为导向，以客户为中心，追求企业价值最大化"，再次强调"以客户为中心"要成为集团的发展理念。

（二）建立协同机制

中信集团遵循以集团利益最大化及市场化为前提、注重创新与价值贡献，以及合法合规与防范风险等基本原则，重点围绕组织建设、制度建设和信息化协同平台建设，不断推进协同机制建设。

1. 组织建设。2010 年 9 月，中信集团设立业务协同部，负责对外开展战略合作，对内进行资源整合。在业务协同部的推动下，中信集团建立了网状的协同组织体系。在纵向管理层面，根据中信集团业务协同部下发的通知，31 家一级子公司明确了协同工作主管公司领导、负责部门、协同工作岗和信息员，建立了"集团协同部—子公司协同主管领导、协同对口部门—重点分支机构（分行）协同主管领导和部门"的三级组织管理体系。中信银行、中信证券、中信资产管理等子公司先后成立了业务协同部门，与集团协同部相互配合。在横向管理层面，中信集团下发了相关规定，要求在全国中信集团下属机构较多的省（市）成立以中信银行各地分支机构为主要牵头单位的地区联席会议组织，加强区域横向业务交流合作。集团已经在杭州、上海、天津、武汉、大连、青岛、重庆和成都等 36 个城市和地区推动建立起地区联席会议。联席会议每年都要召开，各联席单位共享信息、客户与渠道资源，根据当地政府、当地市场、当地客户的需求，开展联合营销，提供综合服务。

2. 制度建设。业务协同部在成立之初，即注重制度建设，从联合营销、区域联席会议组织、业务流程、协同激励等多方面建章立制。2011 年，中信集团出台《企业战略客户联合营销与服务管理暂行办法》，对战略客户的选择与认定、组织体系、内部程序、沟通交流、协调管理、评价与奖励等联合营销与服务工作中的重要内容和程序进行了明确。2013 年，中信集团下发《地区业务协同联席会议管理暂行办法》，明确了联席会议设立、日常运作、组织管理、信息报送和区域合作推动等内容。考核是业务协同工作取得成效的保障。为落实集团"大协同"思路，做新平台，做宽协同，完善业务协同体系建设，发挥各子公司协同工作负责人的核心作用，促进集团业务协同各项工作纵深推进，实现集团协同价值的最大化，中信集团业务协同部制定了《子公司业务协同工作负责人评价管理办法》，明确了对集团子公司负责业务协同工作的部门相关负责人的评价方式与程序。

3. 信息化协同平台建设。在信息化时代，协同工作离不开信息化手段。2015 年底，中信集团针对员工上线"i 协同"APP（手机软件），里面有协同工作相关信息和业务协同需求。2016 年，该 APP 已经迭代到 3.0 版。目前，它已经发展了 38 家公司，客户数突破 2.5 万人。通过该 APP，中信集团内部各级单位，都能够跨区域、跨界进行协同需求对接。协同部正在开发"中信集团客户协同管理系统"（CCM 系统），将通过信息系统有效管理集团及各子公司的战略客户。协同部已经在组织研究引入区块链技术，搭建中信联盟，实现跨机构的个人客户共享。

（三）探索和完善协同模式

"整合资源"是中信集团协同的重要手段，中信集团在 30 多年的发展中积累了丰富的资源。中信集团的客户中包含众多世界 500 强和行业龙头企业，企业客户超过 40 万家，个人客户超过 4500 万人。中信集团下属子公司拥有遍布全国乃至欧洲、大洋洲、非洲、拉丁美洲等世界各地的物理网点和营销队伍，同时又拥有多种电子渠道。中信集团拥有金融及非金融专业的人才，拥有国际化复合型人才。客户、渠道、人才、技术、品牌等构成了中信集团业务协同的基础。中信集团的协同涉及面广，并各具特色。经过多年摸索，中信集团逐渐形成了以下六大协同模式："走出去"协同，客户协同，产业链协同，区域业务和专题协同，综合金融服务协同，战略合作协同。其中，产融协同贯穿于"走出去"协同、客户协同、区域业务和专题协同、战略合作协同四种模式中，产业链协同专注于产产协同，综合金融服务协同专注于融融协同。

1. "走出去"协同。作为改革开放后最早在海外开展投资的中国企业，中信集团已在海外有广泛业务布局，并逐步形成了协同"走出去"的模式。协同"走出去"，能有效降低中信集团各家公司在海外经营的风险，保证项目执行成果，降低国际业务在沟通、审查和交易等方面的成本，促进海外客户和渠道资源的共享，推进企业的国际化进程；也有利于增强中信集团为海外客户提供综合服务的能力，进一步维护和开拓全集团的海外客户资源，实现集团海外效益最大化。

近年来，中信建设在亚非拉地区的国际工程承包业务发展迅速，涉及社会住房、能源、农业和地质勘探等领域。在为客户提供工程承包服务时，中信建设还基于在当地市场积累的资源、渠道和经验，帮助集团的金融、资源能源等兄弟公司在当地开拓业务，满足当地客户多样化需求。

中国企业在走出国门进行海外资源并购的过程中，需要多方面的资源配置和人才积累。在南非第一黄金公司的股权收购项目中，中信国安集团、中信建设、中信证券和中信锦绣等多个单位和部门共同参与了项目筛选、跟踪分析、商务谈判与估值、现场尽职调查以及交易执行等各项工作，对项目成功实施发挥了积极作用。

2. 客户协同。"以客户为中心"是中信集团协同的出发点。2016 年上半年，集团内交叉销售合作规模达 884 亿元，渠道贡献率达 13.8%。中信证券、信诚基金、信诚人寿、中信信托等金融子公司通过银行、证券公司 1400 多个物理网点及电话银行、网上银行等电子渠道积极开展产品和服务代理销售。产品研发合作对促进交叉销售规模有重要的影响。信诚基金薪金煲、中信信托的家族传承等产品的合作即是成功案例。目前，薪金煲的合作规模占全部交叉销售合作规模的比例超过 85%。

　　发展产融合作的协同模式，为实业子公司上下游企业提供金融服务，发展金融客户的实业需求，择机为实业子公司介绍客户。以北京 CBD 核心区 Z15 项目（中国尊）为例。在 Z15 重大项目开发建设之初，通过上下游客户资源深度开发，直接推动 2011 年 5 月 30 日中信集团与中国建筑签署战略合作协议。与中国建筑签署战略合作协议后，中信集团组织金融、非金融子公司采取主动拜访、沟通交流会、实地考察等多种形式，向中国建筑介绍中信集团综合服务优势，推动银行、证券公司、保险公司、信托公司、地产公司等与客户对接。一系列工作之后，效果逐步显现。中信证券、中信银行、信诚人寿、中信信托为中国建筑提供多元化金融服务。中信集团与中国建筑共同推动旗下地产业务并购项目。中海地产以 310 亿元的价格，收购中信地产的全部股权，以及中信泰富在国内的住宅地产。中信城开与中国建筑在城市运营领域深化合作。中信城开在汕头投资的中信滨海新城项目，引入中国建筑为项目股东，联手开展城市运营业务。云舒馆是中信出版与中信银行携手打造的为中信系客户提供精品图书免费阅读的服务终端。以中信银行借记卡和信用卡为借书证，通过预授权模式锁定图书的漂流风险，在全国范围内实现"A 地借阅—空中阅读—B 地（或 A 地）归还的免费漂流阅读模式"。截至目前，云舒馆项目已在 130 个中信银行网点和 84 家中信书店开展，超过 7.5 万人次体验该服务。值得关注的是，"云舒馆"吸引凝聚了一批高端客户。云舒馆的推出使中信出版和中信银行双双受益，同时有利于中信品牌价值的提升。

3. 产业链协同。中信集团内一些非金融子公司在长期的业务发展中，由于产品供销的需要自然形成了产业链上下游合作关系，相互给予业务支持，推动产业技术升级和业务模式转型，使得原有的合作内涵得以丰富，合作层次不断提升。各子公司围绕产业链开展协同，促进技术升级。中信重工借助为中澳铁矿项目生产核心磨机设备的契机，提升高端装备制造能力。中澳铁矿是目前中国企业在海外投资建设的最大矿业项目，其核心设备六组大型磨机的供货方为中信重工。磨机设备的技术要求高，开发难度大，中信重工通过技术攻关，打破了全球高端磨矿装备市场被少数几家国际公司垄断的局面，成为具有全球竞争力的大型磨机供应商和服务商。2013 年，中澳铁矿第一、第二条线成功投产，在国际矿业市场产生良好示范效应，有效推动了中信重工的国际化进程。

4. 区域业务和专题协同。区域业务协同是中信协同的一大特色，这一模式能够组织各子公司联合开拓市场，获取集团区域竞争优势。专题协同主要是围绕集团业务战略重点，组织有关联业务需求的子公司开展协同工作。例如，中信集团搭建了工程承包与资源业务协同推进会、节能环保业务协同推进会、上海自贸区研讨会、"一带一路"暨"协同走出去"研讨会，还建立了中信 PPP（政府和社会资本合作）联合体和中信 PPP 协同圈等不同范围的协同平台，最大化地整合集团内外资源。中信集团子公司还联合营销重大客户。在区域协同开展较为成熟的地区，各子公司普遍通过联合营销，在项目资源、业务专长、资金配置等方面相互配合，共同开发重点客户。以成都天府新区项目为例，中信系参与方式为：中信房地产板块负责整个天府新区项目牵头、推进、开发管理及运营；中信产业基金、中信证券等通过天府新区项目专项资管计划入股项目，提供金融支持；中信戴卡负责 KSM 生产线落地成都天府新区，天府新区项目公司对其提供资金支持。通过为天府新区引进产业、促进就业等手段，不只局限于地产开发，而是提供综合解决方案，这种模式深受政府欢迎。

5. 综合金融服务协同。中信集团旗下有比较齐全的金融门类，"商行＋投行＋信托"大资管模式合作逐渐成熟，联合开发创新产品，共享渠道资源实现交叉销售。截至 2016 年上半年，集团内 15 家金融子公司联合为 115 个客户融资 2000 多亿元，提供产品种类共 30 多类。除理财、结构化融资、债务融资、跨境融资等传统产品外，还开展了融资租赁、资产证券化、资产转让、永续债、员工持股等创新类产品研发及合作。薪金煲是一款将银行结算功能与货币基金的收益相结合的创新产品，可实现余额理财、消费自动赎回、每日收益结转等强大功能。中信银行与中信集团旗下的信诚基金、华夏基金等共同研发，完成需求讨论、项目开发及业务测试，并在薪金煲上线、功能优化升级、签约客户数破百万、薪金煲一周年等重要时点，共同营销，不断做大规模和提升市场影响力。它们在为各方客户提供优质创新产品和增值服务同时，也让各方共享开发的新客户，并带来稳定可观的收益。

6. 战略合作协同。在开展内部协同的基础上，中信集团持续推进与外部战略合作伙伴的外部协同，在集团层面统筹协同和配置资源。

一方面，通过联合营销模式，提升子公司市场竞争力，建立与战略大客户的业务对接；另一方面，通过协同为战略大客户提供综合解决方案和满足其拓展海外市场等特定需求。目前，中信集团已与保险、通信、能源、环保、建筑、船舶和电力等行业的 31 家大型企业集团和 15 家省市地方政府及部委机构建立长期战略合作关系。

与地方政府战略合作：通过与地方政府签署总对总协议，中信集团业务协同部梳理子公司在当地的业务资源和需求，推动项目落地和实施，同时当地政府也积极支持本地企业加强和中信集团的合作。

与大型央企集团合作：合作方式包括采取资源互换方式，帮助子公司开拓新市场获取新项目；发挥中信集团海外平台优势，帮助对方开拓海外市场；双方开展股权合作和资产交易等。例如，中信集团与某央企在各类金融服务、高建钢市场、海外工程、城市运营等多个领域不断深化合作。

与国家部委合作：中信集团与工业和信息化部（以下简称"工信部"）签署战略合作协议。工信部积极支持中信集团参与制造强国建设；中信集团充分发挥综合金融平台优势，为相关企业提供项目贷款、银团贷款、并购贷款等金融服务，并支持旗下非金融子公司积极参与"制造业创新中心建设"、"工业强基"、"智能制造"、"绿色制造"和"高端装备创新"五大工程的实施工作。

中信集团还与财政部政府和社会资本合作中心合作，探索把政府和社会资本合作中心在政策指导、理论研究、技术支持领域的优势与中信集团在国内外 PPP 项目设计、实施、金融支持方面的丰富经验有效结合起来，协同落实国家关于鼓励社会资本参与基础设施建设的政策，积极推动我国基础设施建设及 PPP 模式"走出去"。

在一系列协同工作开展之后，效果逐步显现。中信证券业务实现零的突破。2011 年 11 月，中信证券依托中信集团与中国建筑的战略合作关系，成功获得 50 亿元短期融资券和部分私募债承销资格。2013 年，中信证券获得优先股承销资格。

中信银行、信诚人寿、中信信托为中国建筑提供多元化金融服务。中信银行为中建股份及其子公司提供存贷款服务；信诚人寿为中建股份城市综合建设事业部提供员工补充医疗保险；中信信托协助金石投资参股企业参与中建海外工程，推动金石投资参股的环球石材与中国建筑在海外大理石建材领域开展合作；中信信托与中建股份在天津滨海旅游区"临海新城"项目上开展合作。

围绕一个重要客户，金融子公司、非金融子公司协同合作为客户提供综合性产品和服务，已经成为中信集团一种较为成熟的协同模式。

中信集团多元化架构建立在母子公司关系基础上。每个子公司都建立了完善的公司治理结构，金融类子公司接受相应的行业监管，上市子公司遵循上市公司治理流程和关联交易规则等。而且，从业务发展的使命和逻辑来看，中信集团创立之初即为产融并举，金融业务并非为实业输血而生，而是践行国家战略、顺应市场发展规律逐渐发展起来的。基于上述实际情况，中信集团探索形成的协同，是基于若干行业领导者的市场化机制和体系，是在符合市场规则和关联交易要求的前提下，在清晰的业务格局中开展的。

总的来看，中信集团在综合优势与协同效应方面有着巨大的潜力，拥有金融全牌照，庞大的客户资源，多样化的产品和服务，众多的网络渠道，具备建立金融综合服务品牌和独特竞争地位的能力；通过金融资本运作与产业管理相结合，具备快速做大重点产业的能力；中信集团基于品牌、资源，能够抓住国家战略性新兴产业发展的商机实现最佳布局，获取中国经济发展的超额红利。因此，中信集团围绕总体发展目标，打造符合自身特点的多元化协同战略、管控体系和协同机制，有效配置、整合与共享集团各类资源，提升核心竞争力，以客户为中心提供多元化综合服务，从而显著提升了集团的品牌影响力，实现集团各类业务全面协调可持续发展。

四、其他综合性企业的业务组合管理

（一）伊藤忠商事

伊藤忠商事（以下简称"伊藤忠"）是日本一家大型综合商社。目前在全球 63 个国家和地区约拥有 120 个网点，合并子公司、关联公司总数达 326 家，员工总数约 10 万人，在世界各地开展贸易、实业投资活动。

伊藤忠旗下有六大集团公司板块：机械公司板块（如纺织机械、工程机械等），纺织品公司板块，信息和多媒体公司板块，金属与能源公司板块（如石油开发等），生活资料（如胶合板与建材等）与化工品公司板块，粮油食品公司板块。各板块业务发展相对均衡。

（二）三星集团

三星集团创立于 1938 年，是韩国最大的企业集团，主要涉足消费电子科技产品、电子科技配件、精细化工、医疗器械、半导体、信息系统集成工程服务、广告服务、商业零售、旅游食宿、造船、贸易、保险、证券等行业，可归为电子、金融、重工－建筑、服务业等领域，其中电子占最大份额。电子、重工、服务业可以归入实业板块，金融板块则以保险为主兼具证券。三星集团附属公司共 59 家，其中 15 家为上市公司，44 家未上市。

1. 实业板块分析。三星集团实业板块包括：（1）科技板块：三星电子（消费电子成品及持有上游配件公司股权）、三星电工（重要电子配件）、三星显示科技、三星精细化工（负责电子化工等原料生产，原韩国化肥部分板块转化而来）、第一产业（负责精细化工产业，由三星历史上重要的第一毛织演变而来）。（2）工程建设及重工板块：三星工程（综合工程建设施工）、三星重工（造船及海上石油工程）。（3）贸易商事板块：三星建设与贸易（C&T）。（4）零售、旅游板块：新罗饭店等。（5）科技信息服务：三星 SDS（信息系统集成建设、各种信息服务、市场资讯服务）。

2. 金融板块分析。三星集团金融资产主要集中在保险领域，同时涉及证券领域。三星集团金融板块包括：三星人寿、三星火灾海事保险、三星证券。

（三）通用电气公司的业务组合

通用电气公司（GE）的业务组合板块清晰，主要包括实业和金融业两大板块。自 2015 年以来，GE 对金融资产进行了剥离，剥离后的金融业务主要聚焦能源金融服务、工业金融服务和航空金融服务。剥离后，GE 重点发展实业，主要业务领域包括发电和水处理、石油和天然气、照明、能源互联、航空、运输、医疗、新能源、数字化等。

在 GE 的管理模式中，构建特色鲜明的业务板块是其重要的特色。这种业务结构保障了 GE 可以最大限度地发挥同类业务的协同能力，对于协同能力强的业务，将其归入同类的板块，发挥 1+1>2 的优势，推动整个板块快速发展。对于有独立运营能力、可以提供额外的收益来源或者具有较大发展潜力的板块，推动其独立运作，形成新的增长点。对于发展前景受限的业务，可以板块的形式，实现较为完整的剥离，回收资金，用于新板块发展。金融业务的剥离和发展，都是基于这种模式。目前，GE 设立数字化板块，希望抓住智能制造、工业数字化和服务数字化的机遇，形成新的增长点，与其当年发展金融业的思路异曲同工。

（四）伯克希尔－哈撒韦公司的业务组合

伯克希尔－哈撒韦公司（以下简称"伯克希尔"）是一家典型的产融协同企业，其主要业务覆盖四大业务板块和持股投资板块，形成"4+1"格局。四大业务板块包括：保险板块，铁路与公用事业和能源板块，制造业、服务与零售板块，金融及金融产品板块，它们主要是由伯克希尔控股运营；持股投资板块则是在巴菲特的领导下，对多家优秀企业进行投资，多年来获得不菲收益。

1. 保险板块。伯克希尔在保险业务领域覆盖保险和再保险，共有4家企业（集团），包括：（1）政府员工保险公司，是美国最大的直销保险公司和第四大私人客户汽车保险公司，拥有保险客户约600万个。（2）通用再保险公司，是全球十大再保险公司之一。（3）伯克希尔–哈撒韦再保险集团。（4）伯克希尔–哈撒韦基础保险集团，为主要商业客户承保财产险和意外险。

2. 铁路与公用事业和能源板块。伯克希尔在此板块主要拥有两大公司（集团）：（1）北伯林顿铁路公司（BNSF），运营北美最大的铁路运输网，主要运输煤炭、工业品、消费品和农产品。在美国4家大型的货运公司中，BNSF的货运收入居第一。其在美国28个州运营着约3.25万公里铁路，同时还在加拿大的3个省有铁路运营资格。（2）伯克希尔–哈撒韦能源公司（BHE）。伯克希尔拥有伯克希尔–哈撒韦能源公司89.9%的股权。

3. 制造业、服务与零售板块。此板块涉及的公司的产品从棒棒糖到喷气式飞机，范围极广。其中，有些公司经济状况十分好，无抵押有形资产净值收益率能达到税后25%~100%；有些公司则可以达到12%~20%的良好收益水平；但也有少数公司收益水平相当糟糕。

4. 金融及金融产品板块。伯克希尔在此板块拥有的公司包括：提供活动房屋及金融服务的克莱顿家园公司，该公司是美国第二大活动房屋制造商，其赢利的关键是向房屋购买者发放按揭贷款；提供交通运输设备制造与租赁业务的 UTLX 公司和 XTRA 公司；UTLX 公司制造、拥有及租赁轨道车和联运罐车，也拥有并租赁起重机；XTRA 公司则拥有并租赁公路拖车。另外，伯克希尔还提供其他租赁和融资服务，如 CORT（考特）公司的家具租赁等。

5. 持股投资板块。截至 2015 年底，伯克希尔投资的普通股中市值最大的公司包括美国运通公司、可口可乐公司、达维塔保健、高盛集团、IBM（国际商业机器公司）、穆迪公司、宝洁公司、赛诺菲、美国合众银行、沃尔玛公司和美国富国银行等 15 家著名企业。巴菲特于 2016 年购入苹果公司 6124 万股股票，成本是 67.47 亿美元，按照 2016 年 12 月 31 日的市价计算估值为 70.93 亿美元，位列伯克希尔持有的市值最大的 15 家公司的第二名，仅次于美国运通公司。2017 年 1 月，巴菲特再次将苹果股票增持了一倍以上，达到了 1.33 亿股，占苹果公司流通股的 2.5%。

（五）华润集团

华润集团在资源分配上有意识地向资源掌控型业务和消费终端型业务倾斜，形成七大核心业务板块（非常"6+1"布局），即消费品、电力、地产、医药、水泥、燃气六大战略业务加金融平台，行业逐渐聚焦"微笑曲线"。

1. 实业板块。华润集团六大战略业务板块具有良好的产业基础和竞争优势，目前有几个业务板块已经成为国内行业龙头。（1）消费品。华润创业有限公司是华润集团综合消费品及零售服务业务的旗舰公司，主营业务包括啤酒、食品、饮品三大板块。（2）电力。华润电力控股有限公司是中国效率最高、效益最好的综合能源公司之一，业务涉及火电、煤炭、风电、水电、分布式能源、核电、光伏发电等领域。（3）地产。华润置地有限公司是华润集团旗下的地产业务旗舰公司，是中国最具实力的综合性地产发展商之一，主营业务包括房地产开发、商业地产开发及运营、物业服务等。（4）水泥。华润水泥控股有限公司是国家重点支持的大型水泥企业集团之一。（5）燃气。华润燃气集团主要在国内投资经营与大众生活息息相关的城市燃气业务，包括管道燃气、车船用燃气、分布式能源及燃气器具销售等。（6）医药。华润医药集团有限公司（以下简称"华润医药"）是华润集团根据国务院国资委"打造央企医药平台"的要求成立，集药品研发、生产制造与市场营销为一体的企业集团。依托华润集团雄厚的产业基础和领先的竞争优势，华润医药致力于"成为中国医药行业的引领者"。（7）其他。华润万家有限公司（以下简称"华润万家"）是华润集团旗下优秀零售连锁企业集团，旗下拥有华润万家、苏果、乐购 express[①]、欢乐颂、乐都汇、e 万家等多个著名品牌。华润医疗集团是华润集团未来重点打造的以医疗为核心的健康产业平台。华润微电子公司是华润集团旗下负责微电子业务投资、发展和经营管理的高科技企业，亦是中国本土规模和影响力最大的综合性微电子企业之一。华润化工控

---

① 乐购 express 是华润万家旗下的快捷超市品牌。

股是华润集团旗下从事化工品生产和分销业务的专业化旗舰公司。华润纺织（集团）是中国纺织行业最具规模的大型企业之一，包含棉纺、锦纶、服饰三大业务板块。沈阳华润三洋压缩机公司是家用空调压缩机行业全球最具竞争力的制造商之一。

2. 金融板块。华润金融控股有限公司专业开展金融服务，旗下拥有华润银行、华润信托、华润资产、华润资本、华润保险、华润租赁，并战略持有国信证券、鹏华基金、华泰保险等国内金融机构股权。（1）华润银行。珠海华润银行前身为珠海市商业银行，是具有一级法人资格的城市商业银行。珠海华润银行恪守"引领商业进步，共创美好生活"的经营理念，确立了"成为效率至上、质量一流的产融特色银行"的愿景，依托华润集团强大的产业背景和品牌优势，专注产融结合、融融结合，探索了"店中店"的社区银行发展模式，并成为第一家推出直销银行的区域性城商行。（2）华润信托。华润信托公司通过持有国信证券股份有限公司股权（51%）和与台湾第一大券商元大宝来证券投资信托股份有限公司合资组建华润元大基金管理有限公司（持股比例为25.15%），形成健康、良性的业务组合。华润信托在结构金融、证券信托、股权投资、财富管理、风险管理等诸多领域形成了独特的专业专长，为遍布海内外的高净值客户、高效益企业和高成长机构提供了优异的定制化和差异化金融解决方案，并实现了良好回报。（3）华润资产。华润资产负责处置华润集团非主营业务等特殊资产。其紧密结合华润集团发展战略，通过融融协同、产融协同，以重整为核心创造价值，建立并增强在不良资产投资与新产业孵化以及托管、咨询等中间业务领域的领先优势，致力于成为具有市场竞争力的综合性资产管理公司，为投资者创造持续高额的回报。华润资产全程参与了大型央企中国华源集团、三九企业集团的重组整合，参与重组资产规模超过580亿元，债务规模达600亿元，涉及企业466家，安置员工20余万人。（4）华润资本。华润资本是专业投资地产的国际私募基金公司，自2006年成立以来，已设有8只专注中国市场的地产私募基金，其中5只美元基金，3只人民币基金，合计募资金额超过20亿美元。（5）华润保险。华润保险旨在为企业客户提供高质量的保险经纪、风险管理以及员工福利咨询服务。目前，华润保险已经成为保险经纪行业中为数不多的同时拥有内地和香港两地经营牌照的公司之一。（6）华润租赁。华润租赁系华润医疗集团下设的专业融资租赁公司，业务包括融资性租赁业务、经营性租赁业务、租赁交易、咨询和担保等一系列金融、咨询服务。目前，其涉足医疗、教育、水务等领域。

（六）中粮集团

中粮集团的业务主要包括粮食全产业链建设和金融业务。

1.粮食全产业链建设。中粮集团通过整合，形成了在粮食"大通道"经营理念下的上、中、下游产业结构，主营业务结构清晰，形成了中粮贸易、中国粮油、中国食品、中粮屯河、中粮肉食、中粮包装、中粮置地、中国土畜、金融事业部、中粮电子商务投资公司（我买网）10个业务板块；产业链条从粮油食品贸易、加工起步，不断延伸至种植养殖、物流储运、食品原料加工、生物能源、品牌食品生产销售以及地产酒店、金融服务等领域。从收入来看，粮油糖等农产品加工、贸易、期货、物流及相关业务与食品及相关包装制品制造加工及销售业务为中粮集团主营业务收入两大来源。中粮集团通过国际化的战略布局，创造全新的商业模式，依托遍及全球的网络和国内仓储物流节点的布局，使粮食得以更高效地生产和流通，打造从田间到餐桌的全产业链，真正成为一家布局全球、经营主粮产品的国际化粮油企业，将世界1/4以上人口的餐桌与全世界的农场紧密地联系在一起。

2. 金融业务。中粮集团发挥金融业务全牌照优势，助力农业上下游发展。中粮集团金融业务的发展重点是做好产融结合，产业是基础，金融为产业服务，通过覆盖期货、基金、保险、信托、银行等一系列业务的资本运作平台，推动产融结合，探索农业产业金融新模式，助力农民增收和农业产业发展。

（1）期货业务。中粮期货拥有中国金融期货交易所全面结算会员资格，上海、大连、郑州的三家期货交易所的全权会员资格，是大连商品交易所和中国期货业协会的理事单位。中粮期货设有北京营业部等12个营业部（含筹建营业部），可代理国内所有期货品种的交易和清算业务，并根据品种设立了工业品、农产品、谷物及软商品、金融、建材、胶化、能源等事业部和期货研究院，同时为投资机构、个人投资者提供相关的培训及信息咨询服务。

（2）保险业务。中英人寿保险由中粮集团与英国英杰华集团合资组建，双方分别持股50%。中粮集团通过全资控股子公司中粮资本持有中英人寿保险的股权。中英人寿保险业务包括人寿保险、健康保险和意外伤害保险等保险业务以及这些业务的再保险业务。

（3）信托业务。中粮信托旨在建设成有产业特色的金融股权投资管理平台、农业金融服务平台和财富管理平台，主营业务包括：企业经营性融资业务、财产信托业务、证券投资类信托业务、房地产投融资业务、股权投资信托业务、农业领域商品投资类信托业务、特色农业金融信托业务、投行业务，以及财务咨询服务。

（4）银行。龙江银行是 2009 年组建成立的股份制商业银行，中粮集团作为第二大股东，持股占比为 20%。龙江.银行确立了"面向农业产业、面向中小企业、面向地方经济"的市场定位和"差异化、特色化、社区化、专业化、精细化"的经营策略，走农业特色化道路，以农业产业金融为重点，"城市吸储，反哺三农"，实现城乡联动，以城带乡，以工促农，合作共赢。龙江.银行依托黑龙江省丰富的农业资源，将金融和农业产业链相结合，研发了农业供应链金融模式，惠及龙江大地千家万户，是全国第一家农业供应链银行，构建了特色化、专业化的小企业金融服务体系。

（5）产业基金。打造中粮农业产业基金管理公司是中粮集团为实现国有资产保值增值、打造农业全产业链、探索农业金融新模式的新举措。中粮集团通过发起设立以市场化机制为基础、以财务投资赢利为目的的中粮农业股权基金，来引导国内外资金的投向，以支持国家农业产业政策并配合中粮发展战略。

（6）保险经纪业务。中怡保险经纪公司是首家获准在境内从事保险、再保险经纪和风险管理咨询业务的有港资参股的保险经纪公司。主营业务包括：风险的识别与评估，保险方案的设计、改进、安排、执行和管理，协助理赔和提供理赔管理服务，风险控制和防损咨询，全球再保险的安排，危机管理。服务范围除了传统的财产险业务外，还包括农险、车险及责任险、意外及健康保险、水险、航空及能源保险。

（七）招商局集团的业务组合

招商局集团的业务主要覆盖交通、金融和地产三大板块。

1. 交通板块。招商局集团是内地和香港交通基建产业的重要投资者和经营者，已基本形成全国性的集装箱枢纽港口战略布局，旗下港口分布于珠三角的香港、深圳，长三角的上海、宁波，渤海湾地区的青岛、天津，厦门湾地区的厦门及西南沿海的湛江。招商局集团在北京、上海、江苏、广东等 18 个省市投资了总里程达 8142 公里的高等级公路、桥梁、隧道。招商局集团积极践行国家"一带一路"倡议，加快国际化步伐，目前在全球 18 个国家和地区拥有 35 个港口。航运业是招商局集团的传统产业，截至 2015 年底，招商局集团投资运营的 VLCC（超大型油轮）有 34 艘，持有 VLCC 订单 19 个，拥有世界一流、全球领先的超级油轮船队，是中国航运界具有代表性的重要力量。招商局集团积极、审慎地进行了全国性的物流业网络建设，截至 2015 年底，在全国 65 个城市设立了物流运作网点 1148 个，全国性物流网络布局初具规模。招商局集团还通过收购澳大利亚路凯公司成功进入托盘共享租赁行业。

2. 金融板块。招商局集团的金融业务覆盖银行、证券、基金及基金管理、保险及保险经纪等领域。招商银行是中国银行业领先的零售银行。招商证券为国内 AA 级券商之一 [①]。招商局资本是推进集团内部基金整合、建立直投基金管理的统一平台。

3. 地产板块。招商局集团通过招商蛇口、漳州开发区等，提供城市及园区综合开发和运营服务。2015 年招商局集团实施了地产板块重组，招商蛇口吸收合并招商地产，实现了集团自贸区业务的整体上市，打造了一个市值逾千亿元的上市公司。截至 2015 年底，曾在中国改革开放初期建设深圳蛇口 11 平方公里土地的招商蛇口业务拓展至全国 33 个城市，年度在建总建筑面积达 1219 万平方米；同时，跟随招商局集团"走出去"的发展战略，在"一带一路"沿线国家和地区开发复制推广蛇口园区及自贸区的成功模式，实现自贸区与"一带一路"倡议有效叠加。招商局集团投资建设的漳州开发区行政辖区面积达 56.17 平方公里，2010 年升级为国家级经济技术开发区。

此外，招商局集团在工业、贸易、科技产业投资等领域都有着雄厚的实力。招商局集团拥有香港最大规模的修船厂；2008 年，投资的世界一流的大型修船基地在深圳孖洲岛建成投产；2013 年，收购江苏南通海新重工船厂资产，进一步壮大了海工建造实力。招商局集团创办并作为第一大股东的中集集团是世界最大的集装箱及机场设备制造商，旗下香港海通公司在交通海事贸易领域有着成熟的市场网络和丰富的经验。

---

① 根据证券公司合规管理和风险控制的整体情况，证券公司分为 A（AAA、AA、A）、B（BBB、BB、B）、C（CCC、CC、C）、D、E 等 5 大类 11 个级别。——编者注

（八）平安集团

平安集团业务可分为核心金融、互联网金融和共享平台三大板块，而核心金融又细分为保险、银行和投资。在业务发展思路上，平安集团的互联网金融板块围绕用户的"医、食、住、行、玩"需求，不断完善生活服务场景；核心金融公司也积极推动模式创新，持续优化线上平台，将金融嵌入线上生活服务。

1. 保险。平安集团通过平安寿险、平安养老险和平安健康险经营寿险业务，通过平安产险经营产险业务。此外，平安保险（香港）在香港市场提供财产保险服务。保险业务是平安集团的核心业务，平安集团及旗下保险类子公司的可投资资金形成保险资金，保险资金投资资产占平安集团投资资产的绝大部分。截至 2015 年末，平安集团寿险业务实现规模保费 2998.14 亿元；产险业务保费收入突破 1600 亿元；平安养老险企业年金等委托管理资产规模突破 3000 亿元，保持行业领先。

2. 银行。平安集团通过平安银行经营银行业务，平安银行是深圳证券交易所上市公司。截至 2015 年 12 月 31 日，平安银行总资产约 2.51 万亿元，净资产为 1615 亿元，2015 年实现净利润 218.65 亿元。

3. 资产管理。平安集团资产管理业务涉及信托、证券、投资管理、基金、融资租赁等领域。平安信托向高净值个人客户、机构客户、同业客户及本公司其他子公司提供投融资服务。平安证券及其子公司平安期货、平安财智、平安证券（香港）、平安磐海资本，向客户提供证券经纪、期货经纪、投资银行、资产管理及财务咨询等服务。平安资产管理和平安资产管理（香港）提供投资管理服务。平安大华基金主要从事证券投资基金募集、销售、资产管理等业务，为个人投资者、机构投资者提供专业投资产品及相关服务。平安融资租赁涉及健康卫生、制造加工、工程建设、政府融资、教育文化、机构融资等行业，并持续探索新的行业方向及业务领域。

4.互联网金融。平安集团不断丰富金融和生活场景，推动互联网金融业务模式创新，打造"财富管家、健康顾问、生活助手"三大功能。（1）陆金所，面向所有金融机构、企业及个人客户，通过整合线上和线下渠道，以互联网为媒介连接供需两端，致力于为大众的财富增值，通过金融交易信息服务平台满足客户的各类金融需求。（2）平安普惠金融，是中国最大的个人消费金融及小微企业金融服务提供商之一，通过整合强大的线下销售及管理网络，并依托其在个人消费金融及小微企业金融服务领域累积的丰富经验及卓越的风险管理能力，连接资金供需两端。其自开展消费信贷业务以来，累计借款人数达到124万人，累计贷款量达990亿元。（3）平安付与万里通，是为平安集团互联网金融业务提供核心支付的平台。平安集团对平安付和万里通进行整合，增强了组合支付能力，强化了"壹钱包"APP的省钱功能，同时优化了积分使用体验，提升了积分含金量。整合后这两条业务线均取得了快速协同发展。（4）平安好房，是房地产金融O2O（线上到线下）平台，已开通新房、二手房、租房、海外房产、好房金融、好房众筹频道。（5）平安健康互联网，致力于打造一站式、全流程的健康医疗 O2O 服务平台。依托"平安好医生"APP 平台及线下医疗服务网络，平安健康互联网为客户提供在线问诊与在线购药、在线问诊与线下就医相对接的闭环服务。（6）一账通，平安金融科技致力于将其打造为中国最大的开放式互联网金融服务平台，为用户提供账户管理、财富管理、信用管理、生活管理等服务。

第三部分

综合性企业的管理架构

对于综合性企业而言，管理架构很大程度上取决于发展历史、业务结构和发展战略。发展历史影响管理架构变迁的路径。无论是从成本控制还是从风险控制的角度，企业都很少出现短期内完全另起炉灶、彻底重塑管理架构的情况。可以说，企业的现行管理结构是企业发展历史的一个缩影。业务结构是企业针对内部条件和外部环境选择的结果，因此，即使发展历程相似的公司，在同一外部环境下，也可能做出不同的业务选择，进而对管理架构造成不同的影响。发展战略则来自企业对未来的预期，既包括对外部环境的预测，也包括对自身未来定位的预判；既包括对客观事实的把握，也包括在此基础上的主观决策。

因此，与专业企业相比，综合性企业的管控架构更具个性，差异较为明显。但是，基丁优化管理和提升效率的相同目标，综合性企业各自的管理经验是可以相互借鉴的。本部分将从中信集团总部功能的演进和目前架构角度，对子公司及其他相关企业与综合性企业的管控模式进行探讨。

一、改制并整体上市前集团总部功能的演进

总部是管理架构的重要组成部分。中信集团的总部与中信集团共同成长，助力中信集团从改革开放的窗口发展成为目前的主业突出、综合优势明显的国际一流大型企业集团。

成立之初，在国家投入较少的情况下，中信采取负债经营发展模式，按照市场规则和国际惯例，通过吸引和利用外资，在计划经济条件下发现投资机会，为国民经济发展"拾遗补阙"。中信率先实行董事长负责制，较早地按照现代化企业管理模式进行公司治理。在成立后的早期，中信的总部具有较强的经营功能。此后，随着业务的发展，中信从单一的经济实体逐步转变为综合经营的企业集团，总部的管理功能逐步突出。自 1988 年起，中信总部开始对子公司实行"目标管理责任制"，探索界定母公司与子公司的产权关系和经营权责，在总部的指导下，鼓励子公司开展业务时发挥自主经营积极性。此外，当时的集团总部还承担了部分对外公关和研究工作，服务公司发展。

随着改革开放的深入，中信不断调整业务结构和发展战略。从 1994 年开始，中信在现代企业制度的框架下，开展业务整顿，明确各个子公司的发展方向和业务范围，用"经营计划管理"取代"目标承包制"管理方式，更加突出总部资源整合功能。经过调整，中信关闭了 546 家二、三级小公司；稳妥地处理了一批参资项目；对证券、期

货业务进行了重组，成立中信证券公司；通过出售中信泰富 3.3 亿股股票，充实集团资本金。

2002 年，中信公司更名为"中国中信集团公司"，集团总部成为国家授权投资机构，并对已投资企业控股，总部不再直接开展贷款和拆借等相关金融业务。在这一时期，除了常规性管理工作，中信集团总部重点开展了以下三个方面的工作：

第一，实行经营计划和预算管理制度。通过经营计划管理，子公司在总部指导下，每年拟订未来一年的经营安排。年末，总部根据计划安排考核子公司执行情况。经营计划管理模式下，总部对子公司运营管理更加全面。随后，中信又将预算管理纳入年度经营计划，形成了经营计划和预算相结合的管理制度。年度经营计划和预算是子公司经营活动的指导，也是集团总部掌握子公司经营活动的工具。经过多年的不断补充和优化，经营计划和预算管理制度日渐成熟，能够兼顾总部发展要求、子公司发展阶段和行业差异，引导子公司按照集团发展要求和战略部署进行投资和运营，支持总部了解、监控、评价和考核子公司经营活动和经营绩效，既保证子公司在市场竞争中获得充分的支持，又防止子公司为达成单一目标而忽略经营风险。

第二，强化内部控制，主动监测和防范风险。业务多元化和子公司数量的增加必然伴随法律、财务、审计需求的成倍增长，也同时意味着风险的增加。从 1994 年开始，集团建立覆盖全部子公司的商业合同管理制度，由集团法律部制定合同模板，并实行集中审核，从起点上杜绝商业合同的法律风险；集团稽核审计部和监察部定期对子公司合法合规情况进行现场审计和专项审计，强化了集团总部对子公司乃至具体项目的风险控制能力。1996 年，中信集团率先实现财务报表合并，使财务报表能够更加真实和全面地反映集团的资产、负债和损益情况。2002 年，集团制订中信控股公司信息系统建设方案，成为国内第一家整体引进国际先进核心业务系统的金融信息平台。

第三，关注和研究公司发展战略问题。集团总部在对子公司运营保持跟踪和管理的同时，不断研究中信集团的发展战略，在各层面形成共识后，安排战略落地。

随着中信集团的进一步成长，公司规模的增长和业务的发展对总部功能提出了新的要求。此时，集团总部重点抓了以下三个方面的工作：

第一，设立专门机构，加强业务协同工作。2010 年，集团总部设立业务协同部，围绕"以客户为中心"的理念，搭建集团业务协同平台，建立信息交流和利益分享机制，充分利用和有效配置集团内外各类资源。协同发展是中信集团业务多元化后的一个重要决策。对内，协同工作为各子公司提供了一个优势互补、提升效率、共同发展的平台；对外，协同工作为各子公司提供客户共同服务，形成系统性解决方案。通过业务协同工作，中信在不同行业累积的优势可以充分组合起来，完成从量变到质变的飞跃。

第二，设立专门机构，提升整体风险控制水平。2008 年，集团总部设立风险管理部，加强对各项业务的风险管理。中信集团的综合经营涵盖了金融业务和非金融业务，较一般的金融控股公司面临更加复杂的内外部经营环境，必将面临相应的风险，因此集团高度重视对综合经营的管控。集团对子公司涉足新的领域和业务实行严格限制；而对现有业务存在的风险，则高度重视风险监控体系和风险管理组织的建设。

第三，加强企业文化建设，增强中信集团的凝聚力和创造力。2008 年 6 月，集团总部设立企业文化部，专职开展集团文化相关工作，为加强企业文化建设提供组织保障。在此之前，集团曾组织开展中信企业文化大讨论，并派出人员赴国内外知名企业考察和调研它们的企业文化特点。

进一步发挥总部的战略指引功能需要一定的内外部条件。其中一个核心因素是总部直接配置的资源量，如总部的现金流水平。在中信实行母子公司体制之后相当长的一段时期内，中信的运营模式主要是总部举债，子公司投资运营。这种模式比较强调子公司自主性、竞争力和市场敏感度，对总部投资能力的要求并不高，限制了总部直接发起项目的空间。加上总部对子公司更偏重于资产管理，掌握的资本工具并不多，因此这一阶段中信较少考虑通过总部进行直接投资。2007 年，随着业务的发展和中信银行的上市，总部的财务状况发生了巨大变化，净利润从 2006 年的 −11.7 亿元，增加到 18 亿元，总部掌握了大量现金和可自由流通的上市公司股权。集团总部可以更主动地落实发展目标，在一些领域加大投资力度。

二、改制并整体上市后集团总部功能

2011 年初，国务院正式批准中信集团整体改制上市方案，财政部批复同意中信集团整体改制为中国中信集团有限公司，并以符合境外上市条件的绝大部分经营性净资产作为出资，与下属全资子公司北京中信企业管理公司共同发起设立中国中信股份有限公司，择机在境外上市。

2014 年 8 月 25 日，中信集团将所持中信股份注入中信泰富有限公司，中信泰富更名为中国中信股份有限公司。中信股份在境外整体上市，先后引入正大集团、伊藤忠等多家战略投资者。中信集团的整体上市不仅为探索国有企业改革、发展混合所有制经济做出了有益探索，也是国家首次通过国际资本市场减持国企股份、回收现金的成功范例，对于中信股份完善治理结构、提高运营效率、拓宽融资渠道、更好地参与全球市场竞争具有重要意义。

整体上市后，中信集团的经营管理必须满足更加严格的外部监管要求和股东回报要求。同时，在中国经济步入新常态、经济下行压力增大、隐性风险显性化的背景下，中信集团存在的深层次矛盾逐步凸显，亟待解决的矛盾和问题包括：发展模式面临重大调整，业务组合存在明显缺陷，结构性问题突出，实现金融与实业共同发展存在功能短板，现行管理体系还有诸多改进空间，管理升级滞后于业务发展。随着系统解决上述问题的必要性和紧迫性日益增强，中信集团总部开展了一系列部署和安排。

首先，集团总部首先明确了中信集团、中信股份的定位。中信集团作为国家 100% 持股的企业，要发挥国有资本投资运营公司的作用，积极践行国家战略，推动中信股份健康发展，并努力盘活存量资产（中信集团持有中信股份 58.13% 的股份 ① ）；中信股份作为在港上市公司，要以价值最大化为己任，以资本管理为抓手，强化资源配置能力；主动发起业务，强化战略布局能力；推动资源整合与协同，强化板块塑造能力；系统性解决发展中积累的矛盾和问题，打造一批具有核心竞争力的行业领先企业。

其次，集团总部依据公司定位，按照问题导向原则，从总部层面推进改革，提升战略引导功能，满足投资者回报期望。

最后，在发展逻辑上，中信努力推进做资源和能力的整合者，不仅算财务的账，更要算经济的账。按照产业思维逻辑，以资本为纽带推动业务发展。为此，中信推动了一系列管控优化升级。

总部职能主要注重提升以下功能：

第一，以资本管理为抓手，强化资源配置能力。总部将继续强化资源配置能力。总部将根据"集团有限多元化，子公司专业化"的总体要求，坚持自上而下战略指导，优先满足战略布局需要，兼顾稳定与发展。为同时符合集团战略要求和子公司转型升级的要求，资源配置将向价值增值与效率提升的业务方向倾斜。配置时，要计算战略机

---

① 截至 2017 年 8 月 1 日，中信集团持有中信股份 58.13% 的股份。

遇和整合前景的账，在可承受的范围内接受财务收益前低后高的现实。对于不具备整合能力和整而不合的业务领域不再释放和配置资源，以便给资源整合创造条件。最终通过资源配置引导重点子公司进行专业化经营。

资本管理是资源配置的抓手。总部将构建资本使用效率评价体系，从评价内容、评价方法、评价标准及评价应用四个方面开展资本使用效率评价工作，构建资本产出、资本边际、资本累积、资本周转、资本配置及研发六个方面的综合效率体系，并通过以上多个维度分析将子公司分成若干类别。搭建行业吸引力评价体系，从行业发展空间、赢利水平、资本回报水平、政策扶持、资本市场评价及 PE（私募股权投资基金）/VC（风险资本）投资情况六个维度进行外部环境分析。通过资本使用效率评价体系和行业吸引力评价体系的内外结合，搭建资本管理体系，实现资本管理的可视化和透明化。

第二，主动发起业务，强化战略布局能力。通过对中国经济转型和全球经济发展趋势的战略思考，在充分考虑资本市场对多元化企业业务组合看法的基础上，中信集团确立了"追求权益利润的增长，并充分考虑对现有业务的价值贡献，实现对现有业务发展的支持"的投资逻辑，并主动布局战略性新兴产业，特别是现金流稳定、抗周期性、具有良好成长性的业务领域。为更快地实现战略意图，集团总部主动发起或引导一系列投资活动。

例如，中信环境出资收购新加坡上市水务公司"联合环境"，进入水处理领域。中信兴业投资与中信建设合作设立的中信现代农业，联合中信并购基金出资 32.9 亿元收购国内种业龙头企业"隆平高科"21.36％的股权，进入种业领域，完成了集团对农业板块的初步布局。2015 年，中信控股出资 5 亿元与正大集团、伊藤忠等共同投资跨境电商业务；与同类公司相比，合资公司在资本支持、货源供应、客源组织、进口通关、金融服务等方面具有天然先发优势。

第三，推动资源整合与协同，强化板块塑造能力。中信总部将继续加强资源整合和板块协同能力。通过引导"进"，打造可持续发展能力；通过"调整"和"退出"，盘活存量资源。布局和调整之间，总部的管理和战略功能同时得到锻炼和升华。按照集团"力求打造行业领导者，或和行业领导者合作"的要求，集团总部持续主导资源调整。整合方面包括：基本完成资源类业务整合，合并中信建筑设计总院和中南市政设计院，进军水资源管理和新型城镇化建设等领域；进一步整合期货业务，促进中信集团内部期货业务的发展；将中信商贸 100％的股权整合到中信金属；完成中信国安增资扩股，引入资金和外部股东。退出方面包括：转让澳门水泥 67.68％的股权；转让中萃公司 15％的股权、中萃公司下属公司郑州太古 12.86％的股权和合肥太古 20％的股权，获得 18 倍投资回报，并向市场传递出集团积极整合的信号，提升资本市场投资形象、提振投资者对中信未来发展的信心；其他还包括中信汽车转让山西燎原、中信中原及信源实业股权，中信红河、中信生态退出经营性业务等。

第四，狠抓子公司领导班子建设，强化战略执行能力。战略的落地离不开执行人才的培养。集团总部一直致力于加强人力资源政策与规划的制定与实施，核心人才的选拔、培养和使用，社会重要资源与关系的协调和配置。集团对子公司管理人员实行差异化管理，根据业务发展需要统一有效地配置人才资源。通过加强对子公司领导班子和领导人员的管理，贯彻落实集团战略意图，强化战略执行能力。目前已探索形成了一套具有中信特点、较为市场化的选用育留机制，有力推动了集团的改革发展。

中信集团始终坚持党委在领导人员选拔任用中的领导和把关作用，选优配强子公司领导班子，注重年龄梯次、专业搭配、性格融合、经历互补等方面，以提升整体战略执行力。创新竞争性选拔方式，开展职业经理人制度试点，调整完善子公司人事管理权限。改进考核评价办法，注重对经营业绩指标的考评，实行一司一策，建立了与领导人员选拔、激励、监督等环节配套规范的考核评价体系。成立中信管理学院和中信集团党校，开展大规模、系统性人才培养，切实提升领导人员的战略执行能力。注重后备干部队伍建设，建立优秀年轻人才信息库，实施"中信卓越培训项目"，通过内外部挂职、跨行业交流任职、海外选派等多种方式，丰富优秀年轻人才工作经历。

三、通过专业委员会进一步强化集团总部功能

为了建立权责分明、风险可控、运转高效的公司治理结构及以资产管理为基础、资本管理为手段、价值管理为目标的管理体系，提升集团总部治理能力和管控水平，强化集团总部资源配置的权威性，除

了通过职能部门进行运营、管理和协同之外，中信集团在管理层下设立了战略与投资管理委员会、资产负债管理委员会、内部监督管理委员会和品牌管理委员会，推进投资审批制度改革，加强资产营利性、流动性和安全性管理，提高协同监督管理效能，加强品牌顶层设计和管理。

（一）战略与投资管理委员会

战略与投资管理委员会（以下简称"战投委"）于 2013 年成立，是集团经营管理层领导下的议事决策机构，根据系统化、层级化的授权体系在授权范围内组织开展战略研究并安排实施，组织实施投资活动的投前评审、投中监控及投后评价等全流程管理，由中信集团领导和战略、财务、风控等有关职能部门负责人组成。

战投委的主要职能包括：（1）研究拟定集团整体发展战略和中长期发展规划，向集团董事会等递交相关建议，并根据董事会等的决策落实战略管理要求，组织制订实施方案，安排部署相关工作。（2）根据"集团有限多元化，子公司专业化"的原则和方向，指导子公司开展专业化整改工作，审定子公司发展战略、发展规划和行业投资指引。（3）健全和完善投资管理体制，研究建立授权经营管理体系并组织实施。（4）组织实施集团范围内投资活动的全流程管理，按照先后顺序分为投前评审（立项初审、可研评审）、投中监控和投后评价三个环节。

战投委为提升集团总部资源配置能力、提升投资效率发挥了积极作用。战投委自成立以来，审议了一系列重大项目。为集团进一步建立科学、规范、高效的投资管理体系，优化完善分级分类差异化管理要求下的投资全流程管理，强化集团总部资源配置的权威性，提升投资效率发挥了积极作用，主要体现在：

第一，完善了分级分类差异化管控方式。在战投委的指导和推动下，中信集团的管控方式由法人层级向强调业务单元管理的分级分类差异化管控方式转化。通过差异化管理，将投资分为战略性投资与财务性投资，再根据不同行业制定差异化的投资原则，实行分级审批和项目准入管理。

第二，完善了投资全流程管理。对于投资管理，由过去强调投前评审向重视投中监控、投后评价转变，强调投资全流程管理。

第三，优化了投资管理体系。对投资管理制度进行了梳理和完善，通过陆续修订及出台《中信集团投资管理纲要》《战略与投资管理委员会议事规则》《投资项目分级分类差异化准入标准》《战略与投资管理委员会表决方案》《中信集团投中监控管理办法》《中信集团投后评价管理办法》《中信集团投资授权管理办法》等一系列投资管理制度，形成了由投资纲领、投资全流程管理制度、专项投资管理制度三层架构构成的制度体系，将分级分类差异化管理要求下的投资全流程管理落实在制度中。

第四，提升了投资决策与管理科学化、系统化水平。为提升投资决策与管理科学化水平，引入量化的项目准入评估模型，提高了投资决策的科学性。项目准入评估模型按业务单元进行分类，采取定性定量分析结合的方法，通过引入行业数据、经验设定权重、参数和标准，进行量化打分评估和维度优劣展示，为投资决策提供依据。2016 年 9 月上线运行的战略与投资管理系统，借助信息化手段提升投资管理工作的规范性、科学性、可视化和效率。在投资管理系统中内嵌职责分工、工作流程、方法标准，满足工作流转、数据填报与统计分析、事项监控与审批、决策支持等工作需要。通过对系统长期积累的投资项目全流程管理的海量信息数据进行分析、开发与应用，结合集团大数据的应用，将实际工作中所积累的投资经验持续转化为科学的标准与集团的核心能力。在系统建设过程中也关注和结合了集团"互联网 +"转型和大数据应用的发展趋势及相关要求，对集团后续系统建设和应用推广起到了一定的示范作用。

（二）资产与负债管理委员会

中信集团旗下拥有众多上市子公司，行业分布涉及金融和非金融多个业务板块，横跨境内境外市场，财务风险管理十分复杂。中信股份在香港整体上市后，根据香港联交所《检讨企业管治守则及企业管治报告：风险管理及内部监控》等监管要求，为加强对中信旗下公司业务的财务风险管控，中信集团和中信股份在管理层设立了资产与负债管理委员会（以下简称"资管委"），由分管财务工作的集团领导担任主席，其他成员由战略、财务、法律合规等有关职能部门负责人组成。

资管委的职能包括：定期监控中信股份的资产及负债状况；监控中信股份资产及负债结构、交易对手风险、汇率风险、利率风险、大宗商品价格风险、承诺及或有负债，控制风险上限；根据董事会批准的年度全面预算管理方案，管理公司现金流状况、批准融资计划，包括对中信股份执行委员会批准的投资项目进行融资安排；制定对冲政策，审批使用新的对冲金融工具。

资管委为提升总部财务管控能力、防范财务风险发挥了积极作用。自资管委成立以来，通过每月定期召开现场会议，审议了一系列重大经济行为和决策事项，有效地管理经济活动中面临的财务风险，成为管理层决策过程的重要组成部分。由资产与负债管理委员会把关的重大事项中，第一类是中信股份及其主要子公司的融资活动，包括银团借款，双边银行借款，MTN（中期票据）项下的提款，更新MTN发行文件等；第二类是使用衍生工具对汇率、利率、大宗商品价格进行保值的经济行为，包括与银行签订ISDA（国际掉期与衍生交易协会）协议；第三类是中信股份为其子公司融资、运营或项目开发和建设（项目已经获得批准）提供担保，以及提供股东贷款，包括贷款展期；第四类是中信股份年度预算、中期和年末分红等重大事项。另外，在资管委的指导下，中信股份对多元化公司的财务风险管理政策进行了探索，包括监管金融子公司的资本充足率等指标，制定子公司融资和担保管理办法、汇率风险敞口管理办法、大宗商品市场风险管理办法等。

（三）内部监督管理委员会

根据集团发展战略，为进一步完善公司治理，加强对经营管理和廉洁风险管理的监督，统筹协调公司内控监督职能部门的资源力量，

2015 年 8 月，集团设立了内部监督管理委员会，在管理层领导下，对总经理负责。内部监督管理委员会主席由集团分管领导担任，集团人事教育部、监察部、法律合规部、稽核审计部、党委巡视工作办公室为成员单位；监察部作为日常办事机构，负责日常工作的组织和协调。内部监督管理委员会的职能是：协调有关监督职能部门统筹安排检查考核工作或专项检查；指导、协调制定涉及全局的监督制度；开展调查研究，向集团管理层提出加强管理监督工作的意见和建议；根据总经理授权办理有关事项；处理有关监督部门提出的需要协调解决的问题，督促检查有关单位整改落实情况。

内部监督管理委员会为提升总部监督能力发挥了积极作用。自成立以来，中信集团内部监督管理委员会着重从落实全面从严治党要求的角度，加强对廉洁从业和廉洁风险情况的管理监督，深化专项费用审计和公款消费、金融机构营销费用专项治理，把违反"三重一大"决策制度，特别是财务管理制度等问题作为监督重点，修补漏洞，完善内控，为促进企业规范经营决策、提高风险防范能力发挥了积极作用；同时，根据管理层和内部监督管理委员会主席要求，统筹职能部门监督资源，对国家审计署、中央巡视办、中组部干部监督局、行业监管机构以及内部审计、干部监督和巡视发现的问题，协同其他职能部门共同研究整改措施。自 2014 年以来，通过协同整改平台先后对 9 家子公司、31 个问题实施督导整改，指导责任单位完善内控，防止类似问题的发生。2015 年，组织全系统 44 家公司集中梳理 2007 年以来审计、巡视、专项检查和信访举报等渠道发现的问题线索，成立 5 个督导组对 18 家公司、53 项问题进行督导整改，指导各单位对照中央专项巡视央企发现的 8 个方面、1144 个共性问题进行自查自纠。

（四）品牌管理委员会

随着中信股份实现境外整体上市，中信集团进入了新的改革发展阶段，品牌管理工作的迫切性也不断加强。为了加强品牌顶层设计、形成品牌合力，集团于 2015 年底成立了由总经理担任主任、多个职能部门负责人共同组成的品牌管理委员会（以下简称"品牌委"），负责对集团品牌战略规划等重大问题进行研究和决策。在品牌委下设由集团副总经理兼新闻发言人领导的品牌管理委员会办公室，负责推进品牌管理的日常事务，主要包括：加强品牌管理的战略设计和制度建设，加大品牌传播力度和品牌维护工作，推进品牌管理队伍的建设，等等。

品牌委在加强集团品牌顶层设计和管理方面发挥了积极作用。为保证品牌管理各项工作落到实处、取得实效，品牌管理贯彻"统一领导、权责明确、流程清晰、各司其职"的原则，由各相关职能部门协同推进。2016 年 7 月，品牌委正式启动了品牌管理战略梳理工作，以进一步明确品牌定位，梳理品牌架构，科学处理母子品牌关系，建立科学合理的单一品牌管控模式；同时针对集团子公司负责人的薪酬考核，增加战略贡献和品牌贡献两个加分选项。

在积极推进品牌战略设计和梳理的同时，品牌委积极推进日常品牌管理工作：一是加强商标管理和权益维护，对子公司不规范使用中信商标的现象加强管理，并针对外界侵权现象积极通过法律手段解决，充分维护集团品牌权益。二是加强声誉风险管理，对子公司加强督导，如出现重大舆情，集团品牌办要求第一时间上报实际情况和应对情况说明。三是加强品牌传播力度，集团层面不断加强品牌宣传，包括加强外网新闻动态的更新，加强集团新闻自采，加强新媒体传播等，同时，还与《财经》杂志签约，请其采写有关集团改革发展的深度分析稿件。四是加强品牌文化建设，通过征集品牌宣传口号，召开企业文化交流会，纪念荣毅仁诞辰一百周年等活动，不断加强企业品牌建设。

四、建立对子公司的特色管控模式

在完善总部功能的同时，中信集团持续推动对子公司管控体系的调整，建立了具有中信特色的管控模式。

（一）实施分类管控模式

中信下属的子公司，涉及业务领域多、跨度大，股权关系复杂，包括全资、控股、参股子公司，同时又有上市子公司和非上市子公司之分，管理难度高，总部责任复杂。对中信而言，要保持业务的有序发展，既需要保持子公司拓展业务的积极性和对市场机遇的敏感性，又需要发挥中信整体的资源配置能力，控制中信集团的整体风险。其根本是在中信发展的历史脉络下，根据外部市场环境，明确总部与子公司的权责利，完成国有资产的保值增值。对于中信这类行业跨度大、业务和经营主体结构多元的公司而言，现成的可参考的案例模式比较少，需要不断通过深化改革来优化管控模式。

目前，中信按照集团有限多元化、子公司专业化经营和分类管控的方向，不断探索开创战略导向清晰、管控模式有效、风险管控有力的新局面。

依据分类管控的管理理念，中信集团首先构建了集团（包括中信集团、中信股份和中信有限）、直接下属子公司、直接下属子公司相关下属公司三层架构。集团层面，主要关注直接影响三层架构主体本身控股母公司的实质权益，针对具备资本管理能力的子公司，将给予必要的管理授权；同时，兼顾多级上市公司的管理要求，对于集团和中信股份下属的上市公司，资本管理不能进行直接干预的，可考虑通过董监事管理、加强投资者管理等方式施加影响。

2016年，发展部、董事会办公室、财务部和法律合规部成立联合工作小组，在依法依规及确保上市公司独立性的前提下，对下属重点上市公司"董事会给予管理层的授权"进行评估，评估对象具体包括中信银行、中信重工、中信证券、中信海直、中信出版、中信资源与中信大锰7家上市公司，并对中信银行进行了重点关注。

在落实分类管控、实施授权管理的同时，中信集团对重点子公司实施穿透管理。例如，针对中信银行、中信证券及中信信托的重大事项，其直接股东中信有限需根据中信有限的董事会决策意见参与相关子公司股东大会或股东会表决。因此，中信有限董事会可通过公司治理程序掌握、决策重点子公司的重大事项，有利于公司的整体管控和公司治理结构的优化，同时也有利于避免过度参与子公司的日常经营，以此提高子公司的决策效率。目前，中信集团正在起草制定对集团控股子公司穿透管理的相关制度。

分类管控的目的是提升效率和创造价值。中信集团提出了价值导向和效率优先的经营方针，按资本创造价值的衡量尺度和战略取向一致的原则进行资源配置。中信集团通过强化业务组合管理，掌握子公司价值分布，完善发展战略、调整资源配置，并据此制定支持、培育、调整和退出政策及子公司经营管理政策。对于利润贡献较大、行业内具有领先地位的重点子公司，中信集团希望其未来成为重要战略支柱型企业，资源上将有所倾斜，管理上重点关注；对于积极培育类子公司，如环保、农业、通信、消费等，集团希望其成为未来利润的增长点；对于财务投资类子公司，集团原则上不再向其配置资源，并逐步进行战略性减持、剥离退出。

除资源配置差异化之外，分类管控还体现在考核差异化、薪酬差异化、战略要求差异化等方面。考核差异化主要体现在结合子公司所在行业发展阶段、行业差异和业务特点，对子公司经营情况和绩效进行考核评价。薪酬差异化主要体现在集团对子公司领导班子的激励约束机制以国家薪酬政策为指导，坚持业绩和市场导向，根据子公司业务特点和发展阶段，按照"一司一策"原则，全面反映子公司经营成果。上市子公司领导班子的激励约束机制遵守上市公司治理流程和监管规定制定。战略要求差异化主要体现在不同行业采取不同战略。例如，金融行业，在防范风险的前提下，提升金融业务的价值创造能力；制造行业，以提高产品质量和核心竞争力为重点推进制造业转型升级，践行《中国制造 2025》行动纲领；海外投资方面，以获取技术、品牌、市场为核心，开展对外并购与合作。

（二）构建以资本管理为纽带、强调价值导向的管理体系

党的十八大以来，党中央、国务院对全面深化改革做出了战略部署和全面要求，其重点之一是如何管理好国有资本。

在新形势下，集团存在的亟待解决的矛盾和问题包括：一是业务结构中的问题影响到赢利结构的失衡，金融业务与实业投资的利润贡献未达到两翼均衡发展。二是业务多集中在传统产业领域，受经济周期影响较大，特别是重资产业务较多，未来价值增长空间有限，价值贡献的新增长点尚未形成。三是管理滞后于发展，延续传统管理模式，导致管理效率、质量和专业化程度不高，风险控制能力薄弱，问题时有发生。

为此，集团首先明确了集团和中信股份的定位，以此作为管理体系变革的基础。在定位明确的基础上，中信进一步建立以遵循价值取向为基本原则，全面深化改革，构建以资本管理为纽带、强调价值导向的管理体系。为开展资本管理，中信将 EVA（经济增加值）进行必要调整后纳入子公司绩效考核体系。通过设计和推广 EVA，引导子公司从价值创造和价值管理的角度开展运营管理，从而提升资本使用效率，而集团总部也可以此为依据推动资本管理。

现代企业要实现股东价值最大化目标，必须实行价值管理（Value Based Management，VBM）。基于 EVA 的企业绩效评价体系，以价值管理为第一关注点、对经营者业绩进行评价，符合现代企业发展需要。

EVA 的核心观点是资本投入是有成本的，只有当企业收入高于资本成本时才会为股东创造价值。与传统的会计利润相比，EVA 更能准确地反映企业价值创造水平，引导子公司更加关注价值创造，抑制盲目投资和过度扩张的冲动。经过长期的探索和实践，中信集团已逐步构建起以 EVA、ROE（净资产收益率）为主指标，实施分类管控，全面对接预算，引入行业对标，挂钩薪酬激励，年度与任期结合的经营绩效考核体系。

理论上说，EVA 的精确计算需要对净利润指标进行多达 160 多项的调整。为使 EVA 的理念顺利在中信这样综合性的国有企业生根发芽，依据集团领导"简洁高效"的指示，遵循抓重点、易操作和可理解三个基本原则，经过大量的调研，集团管理层最终决定对传统的 EVA 进行两项优化调整。经过调整后的 EVA 计算公式如下：

年度价值增加额 = 归属于母公司所有者的净利润 - 归属于母公司平均股东权益 × 股权成本率 - 扣除所得税影响后的非经常性损益调整项 ×50%。

股权成本率根据集团的资本成本率及有息负债成本率加权计算，统一暂定为 8%，即要求对子公司股权投资的 ROE 至少应达到 8%，将 8% 设为一个"门槛"，内部称之为"门槛率"。门槛率的存在，对遏制投资冲动，提升资本使用效率起到了较好的作用。

资本成本率的考量，使得高负债经营的子公司不得不关注对资本总额的控制。这促使子公司考虑权益资本的机会成本，认识到资源的有价性，注重资本使用效率，在提高资本运营效果的同时提高发展质量；改变盲目资本扩张的经营方式，顺应市场，做好风险防范。

对非经常性收益的界定，主要参考了证监会对上市公司的有关规定。对子公司的非经常性收益进行考核时，50% 予以剔除。从而促进子公司走向专业化，专注做强主业。结合推进子公司专业化、聚焦主业的管理要求，引导子公司关注赢利的可持续性。但同时更加强调管理层的主观能动性，对于管理层被动实施项目产生的非经常性收益，按 100% 扣除。这一规定针对部分子公司偏离主业的投机性经营项目，提高了主业竞争能力要求，突出主业考核，弱化非主业性投资的收益。为提高 EVA 考核指标评价结果，子公司不得不加强对主业的关注程度，提高主业的竞争能力，下大力气剥离非主业资产、清理低效资产、出售非核心业务，并最终提升其在市场中的竞争地位。

经过调整后的 EVA 计算公式，更加简洁，很好地体现了集团价值创造、聚焦主业的导向，便于理解和操作。

构建中信集团资本管理体系，通过一个制度、一个报告、六个工具、一个平台进行资本管理，即建立并完善中信集团资本管理制度，定期形成中信集团资本管理分析报告，利用战略规划模型、行业吸引力分析模型、资本使用效率分析模型、资本优化模型、业务组合分析模型、市值估值模型六个工具，以及战略与投资管理系统中的资本管理模块平台进行资本管理。

通过构建资本使用效率评价体系，集团从出资人角度，利用价值地图等分析工具从价值创造、投入产出等多个维度，量化分析子公司的静态位置及动态变化情况，掌握集团价值分布，为集团开展资源配置、业务进退、公司存续方面的决策提供必要的参考依据。推动子公司开展资本使用效率分析，将经营结果拆解至业务层面，开展历史数据分析和对标数据分析，判定价值创造 / 价值损毁环节，作为制定发展战略、转变发展模式、调整业务结构的必要依据。

（三）中信集团全流程投资管理体系

投资管理是中信集团价值驱动战略管理体系的重要一环，中信集团通过开展全流程管理进一步提升投资管理水平。

中信集团投资业务具有"覆盖范围广、行业关联少、投资项目多、管理难度大"的特点。以往投资管理更多地集中在投前审批上，投前管理工作缺乏具体标准和量化工具；重大投资项目的投中、投后管理缺位，缺乏监控指标体系和实时监控预警能力，缺乏科学的投后评价机制和责任体系，相对而言，不够科学、专业和规范。因此，在集团战略转型的背景之下，需要建立一个科学、规范、高效的投资管理体系。

对此，中信集团完善了分级分类差异化管理要求下的投资全流程管理。投资管理方面由过去强调投前评审向重视投中监控、投后评价转变，强调投资全流程管理。通过投后评价，总结投资经验，落实管理责任，提升投资项目论证决策和实施水平，实现管理闭环。

2016 年 9 月，战略与投资管理系统正式上线运行。集团在投资管理系统中内嵌职责分工、工作流程、方法标准，满足工作流转、数据填报与统计分析、事项监控与审批、决策支持等需要。通过对系统长期积累的投资项目全流程管理的海量信息数据进行分析、开发与应用，结合集团大数据的应用，将实际工作中所积累的投资经验持续转化为科学的标准与集团的核心能力。全流程管理促使子公司从项目生命周期的角度思考投资，更加全面地考虑项目投资、运营等方面的关键因素，从集团和子公司两个层面提升项目管理水平。

（四）加强派出监事委派机制

为在现代企业制度下加强对对子公司的管理效率，中信集团继续加强派出董监事制度。主要包括：

1. 明晰派出董监事管理职权。业务归口部门设在战略发展部董监事管理处，负责派出董监事管理制度的拟定、人员任免考核建议、日常工作联系、处理派出董监事提交的工作报告等业务事项；人事归口部门设在人力资源部，负责对拟派出的董监事进行资格审查、人员委派手续办理、人员考核等工作。

2. 以优化董监事人员结构为核心，加强派出董监事队伍建设。中信集团探索建立并逐步完善了"专职与兼职相结合、内部与外部相补充"的派出董监事人员配置机制。董监事包括兼职董监事和专职董监事。兼职董监事一般选择有相关产业经验或法律、财务等专业技能的高级管理人员担任。专职董监事则更偏重总部与子公司的信息沟通和决策传达。对于重点子公司或需加强战略管控的子公司，优先考虑派出一名专职董监事任职。

3. 通过责任董监事强化履职能力。派出董监事包含一名责任董事和一名责任监事，作为派出董监事进行内部沟通协调的召集人，和与集团信息沟通的接口。责任董监事一般由专职董监事担任，责任董事一般由非执行董事担任，集团领导一般不担任此职，派出董事、监事不得同时兼任超过两个派驻公司的责任董事或责任监事。

4. 以工作报告制度为抓手。工作报告制度是构建派出董监事管控渠道的重要手段。董监事的工作报告包括会议报告、专项报告、述职报告。会议报告是对派驻公司股东会／股东大会、董事会或监事会议题履行内部决策或事后报备的报告；专职报告是对派驻公司经营情况以及其他重要或紧急事项的报告；述职报告是每年对个人履职情况的报告。报告将作为董监事考核的重要依据。在工作报告制度的基础上，集团建立了派出董监事授权体系，根据"一司一策、动态调整"的原则，对派出董监事的决策事项进行授权。属授权事项的，相关董监事可以根据自己的职业判断参与投票表决；非授权事项，派出董监事需与集团职能部门进行预沟通，并将集团的战略意图预决策倾向反馈给派驻公司。

5. 以年度考核和必要奖励为保障，夯实派出董监事管理基础。为激励派出董监事更好地履行工作职责，按照"责权利对等"原则，职能部门将会对派出董监事进行年度考核，并作为后续董监事任免、绩效薪酬核定的参考。对于兼职董监事，采取"负面清单核查"的简化考核程序，只要未出现负面清单中的行为，皆为称职；对于专职董监事，采取"分项打分制"进行综合考核。

（五）实施财务总监委派制

为了适应集团内外部环境发展要求，中信集团在实践中逐步摸索形成财务专业人才队伍的"分级三阶"体系，如图9所示。"分级三阶"体系是指按照子公司管理层级，逐级施行"财务总监委派制—财务经理核准制—财务人员备案制"。其中，财务总监委派制是"分级三阶"体系的核心。

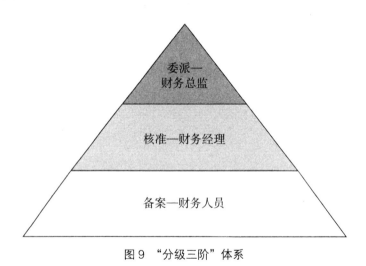

图9 "分级三阶"体系

中信集团特色的财务总监委派制，是对财务负责人委派制的全面系统升级，旨在通过委派的财务总监与子公司总经理配合，实现大股东监督管控与子公司自主经营权的有效平衡，提高企业经营效益，控制经营风险。

中信集团委派的财务总监，是由集团委派的子公司领导班子成员，根据授权对子公司财务活动进行全流程监督，参与重大经营决策，既能保证企业自主经营权，又能将监督职能贯穿于日常财务经营收支之中，保证财务监督的及时性、全面性和有效性。

中信集团根据对各子公司的定位和管控要求，结合各公司实际特点，确定对具体财务总监岗位的职责要求，采用组织选拔、公开招聘、竞争上岗、委托推荐等多种方式进行人才选拔。总部建立财务总监后备人才库，对后备人才进行统一管理；通过培训、轮岗、挂职等多种方式持续提高入库人员的专业水平和管理能力；建立健全入库人员评价管理制度，根据培训、考核、测试、反馈的结果对入库人员进行多维度跟踪评价，并及时进行动态调整。

对于委派的财务总监，中信集团财务部下设专门机构，全面负责财务总监委派和考核管理的专业条线工作，与人力资源部密切合作，形成委派体系的组织保障。通过定性和定量的要求，推动及提升子公司财务管理水平和经营效益。在管理过程中，中信集团注重实绩，对委派财务总监实施过程监督和年度考核，发现问题及时提出工作整改要求，将整改情况落实到考核结果上。考核结果与奖惩、任用挂钩，更好地实现集团对子公司的战略管控意图。

（六）对子公司领导班子的激励约束机制

中信集团对子公司领导班子的激励约束机制以国家薪酬政策为指导，坚持业绩导向和市场导向，以工效挂钩为基础，以业绩考核为依据，通过薪酬与效益相匹配，实现"绩效升、薪酬升，绩效降、薪酬降"，"凭本事领薪、按业绩取酬"，做到真奖真罚，凭业绩贡献拉开内部薪酬差距。

集团根据子公司的业务特点和发展阶段，按照"一司一策"的原则，突出子公司价值创造及股东回报，体现集团整体战略导向，全面反映子公司经营成果，引入行业对标，从以净利润为主的考评体系过渡到考核企业可持续发展能力和综合竞争力等全面考核体系。对上市子公司领导班子的激励约束机制遵循上市公司治理流程和监管规定制定，将绩效考核结果与薪酬激励紧密挂钩，逐步建立健全市场薪酬调查制度，根据绩效考核结果并参考市场薪酬水平确定子公司领导年薪和职工薪酬总量。

集团对子公司领导实行年薪制管理。子公司领导年薪包括基本年薪和绩效年薪两部分。基本年薪的确定主要考虑子公司的营业收入或总资产规模，并综合考虑行业、地区和历史等因素。绩效年薪的确定主要考虑绩效年薪基数、绩效考核结果和两项调节系数（绩效薪酬调节系数和市场薪酬调节系数）等因素，并设置绩效年薪延期支付制度。近几年，集团对经营业绩突出的子公司中业绩贡献较大的领导人员给予了特殊奖励，对综合评价不称职和基本称职的领导人员扣发了全部或部分绩效年薪。

按照人力资源和社会保障部每年向中信集团下达的绩效工资总额要求，依据分级管理原则，中信集团核定下一级子公司职工薪酬总量，并根据国家薪酬管理政策和市场薪酬水平等因素，指导子公司在二次分配薪酬总量时，结合自身行业特点和市场竞争需要，合理确定薪酬结构，科学划分职工薪酬中固定部分和浮动部分之间的比例。子公司职工薪酬总量根据职工现有薪酬水平、职工增减变动、子公司绩效考核得分以及市场薪酬水平等因素确定。激励约束机制体现了薪酬与绩效共进退原则，对吸引和保留人才，起到了重要作用。

（七）国有资产监督管理体系

作为国有企业，落实国有资产增值保值功能是中信集团的重要责任。为此，中信集团建立了一系列相关制度。

产权登记是中信集团国有产权管理的前提和基本手段，是了解下属企业国有资产存量分布、价值总量及其增减变化的重要途径，为集团财务管理和国有资产监管工作提供了丰富有效的信息资源。产权登记为集团推动国有产权有序流转、提升企业价值奠定了重要基础。

资产评估起着评价国家对金融企业历史投入和发现其市场价值的重要作用，是集团维护国有资产合法权益的重要手段，也是产权转让、并购重组、改组改制等产权交易中资产作价的重要依据。集团严格按照《金融企业国有资产评估监督管理暂行办法》及公司规定履行的国有资产评估备案程序，建立了资产评估机构备选库制度，集团所有资产评估备案项目必须通过招投标、竞争性谈判等比价方式选择评估机构。集团对资产评估备案项目从合规性、合理性等方面进行严格审核，由评审专家独立出具评审意见。

产权交易是促进金融企业国有资产有序流转的重要手段，可以提高金融企业国有资本的运营效率，有效调节业务结构、盘活存量资产。集团严格遵循《金融产业国有资产转让管理办法》及公司规定落实的国有资产转让制度。集团下属非上市企业国有产权的转让，原则上都要求按照规定进场交易，刊登产权转让公告，公开披露产权转让信息，广泛征集意向受让方。通过产权市场，发现和合理确定资产价格，防止出现内部人控制、利益输送，造成国有资产流失。2016 年 1 月，北京产权交易所向中信集团颁发了"2015 年度金交易奖"，表彰中信集团在促进国有产权交易有序流转、阳光流转，促进国有资产保值增值、防止国有资产流失中的优秀表现。

中信集团近年来坚持依法合规与市场机制相结合的理念，按照推动流转、防止流失、优化配置、提升价值的定位，扎实推进国有资产管理基础工作。未来，集团将继续以促规范、防流失作为生命线，坚持底线思维，守住关键环节，完善管理制度，充分发挥国资管理在中信集团推进国有企业改革中的基础作用，提高集团产权配置和运营效率方面的关键作用，以及深化集团结构战略性调整中的推动作用。

（八）对子公司的风险管控和内部监督体系

中信集团作为国有大型综合性跨国企业集团，涉及行业众多，面对错综多变的国际国内政治、经济、社会和文化环境，客观上需要中信集团不断加强风险防范能力，健全内部监督体系。同时，中信集团正处于转方式、调结构、优化资产组合、推进全面深化改革的关键时期，建立健全有效的风险管控和内部监督体系是各项工作取得实效的重要保证。

中信集团的多元化业务涉及全球多个国家和地区，在经营管理中不断面临新的挑战、风险以及监管主体的合规要求。复杂多变的内外部环境对集团风险管控和内部监督体系的全面性、科学性、有效性要求极高。但是，目前我国在分业监管环境下，对金融控股公司的法律地位尚不明确，缺少相应的监管政策和标准作为实施跨行业系统性风险管控的依据，中信集团仅能综合但有限度或有选择地参考不同行业、不同监管机构、不同理论体系关于风险管控和内部监督的原则或理念，并结合自身实际情况，探索建立适应自身金融与实业并举、金融门类齐全特点的风险管控和内部监督体系。

为满足这一实践需求，在设计、建立、实施和优化风险管控和内部监督体系的过程中，中信集团综合参考借鉴了国际通行的风险管控和内部监督的理论体系，以美国反舞弊性财务报告委员会（COSO）发起组织的关于风险管理和内部控制的核心理念为指导原则，依据财政部等五部委颁布的《企业内部控制基本规范》及相关配套指引、国家相关政策制度，围绕集团整体战略、"十三五"规划和全面深化改革若干意见，根据监管要求和自身实际情况，逐步建立起一套兼顾监管要求和自身持续发展需要、覆盖各业务板块的风险管控和内部监督体系，以识别、评估和管理业务活动中面对的各类风险。

同时，中信集团不断深入推进落实党中央关于全面从严治党、加强廉洁从业的指示和要求，突出纪检监察职能在公司内控监督方面的重要作用。风险管理、内部控制、内部审计及纪检监察相关职能部门分工协作，各有侧重，共同构建起具有中信特色的全覆盖风险管控和内部监督体系，持续开展风险管控和内部监督相关工作。

中信集团风险管理和内部控制体系的架构是以公司治理结构为基础的"四个层面"加"三道防线"。"四个层面"即（1）董事会，（2）管理层和若干委员会，（3）中信集团的风险管理职能部门，（4）成员单位；"三道防线"即（1）由中信集团的各层级业务经营部门组成的第一道防线，（2）由中信集团的各层级风险管理职能部门组成的第二道防线，（3）由中信集团的各层级内部审计部门或专门审计岗组成的第三道防线。综合考虑各方面因素，中信将其整体的风险偏好定位于较低水平。子公司在集团风险管控和内部监督体系框架下，根据所处行业监管机构的规范要求，结合自身业务实际，设立风险管理和内部控制的牵头部门、专门机构或专职岗位；按照集团的各项规章制度及特定授权，具体负责开展该子公司的全面风险管理和内部控制工作；在业务和机构经营范围内，识别风险领域，监控风险状况，并及时向集团报告。

在执行过程中，中信集团要求各子公司明确对重大风险的管理策略和容忍度及风险限额，制订风险解决方案和应对措施，明确责任主体，确保重大风险管理措施落到实处。对于发现的问题，协调相关职能部门对整改工作进行监督，并将子公司对内外部检查发现问题的整改情况纳入子公司绩效考核体系。

为进一步提升风控水平，中信集团启动了"风险管理与内部控制体系优化项目"，着手对风险管控和内部监督体系进行完善和优化。"风险管理与内部控制体系优化项目"的推进实施，有助于集团加强对各业务板块和子公司风险管理工作的统一规范，明确集团风险管理工作的宏观指导作用，厘清总部与子公司之间的职责分工，集成金融和非金融领域不同的风险表现形式，完善风险信息沟通机制，推动风险量化工具在风险计量、评估和分析方面的应用，提高风险管控和内部监督信息化水平，逐步升级完善集团的风险管控和内部监督体系。

此外，为应对复杂多变的外部经济环境，以及内部风险管控提升的持续性要求，中信集团加强了风险业务研究工作，内容覆盖宏观经济、行业动态及风险管理的工具、技术、方法等。研究成果以风险参阅件的报告形式，在集团管理层、总部职能部门、子公司管理层和风险管理机构范围内发布，供其参考。

为应对业务多元化带来风险隐蔽、叠加、放大等可能性，中信集团的风险防控是建立在独立子公司所形成的风险隔离基础上的，既有业务层面的风险管理机制，又有集团整体的风险管理体系。面对当前金融风险的新形势和新要求，相关业务深入贯彻 2017 年全国金融工作会议精神，全面落实相关风险管理举措。

（九）推进管控智能化，为子公司赋能

中信集团在探索集团对子公司的管控模式上同样离不开技术手段的支持，这里面既包括通过采用传统技术手段开展的企业信息化工作，即不断加强集团和子公司之间的财务、风险、人力、项目跟踪、内部办公、信息共享和协同等工作的信息化程度，保证各种管理数据处理的准确性、及时性和全面性，又包括中信集团所采用的新的科技手段，特别是以互联网为代表的产业新动能所带来的优化管控模式的"互联网＋"转型工作。

2016年2月，中信集团启动"互联网＋"转型工作，2016年8月，成立中信云网有限公司，希望通过"互联网＋"转型工作构建起"平台＋应用"的协同模式，集团重点打造为子公司赋能的"产业互联网平台"，各个子公司重点利用平台开发相应"应用"，并引导子公司从线下点点互联向平台式产业互联转型。这是集团为子公司赋能的过程，也是战略管控的过程。

实施"互联网＋"转型战略，关键在于三大改变。第一个改变是要做连接，打通信息流、资金流和物流。中信产业互联网要做成开放和聚合的连接平台、服务平台，即去层次、去边界、互为平等地聚合公共服务资源的赋能平台。通过中信产业互联网，中信集团要从内向外把线下的金融和实业互联互通起来，助推企业生产和业务过程达到更充分的在线化和数字化，让资源更容易被发现、更容易被利用，助推更多新业态出现。中信产业互联网要为企业生产经营提供平台服务和数据服务，这是构建共创、共建、共生、共赢的产业生态链的重要基础。

第二个改变是要使数据真正成为产业生产要素。中信拥有丰富的跨行业数据，通过产业互联网的建设，不仅能把这些离散的数据挖掘出来、聚在一起，而且可以衍生出更加丰富的运营数据。

第三个改变是推动轻资产实施。依托中信产业互联网提供的服务，实体企业可以轻资产，加快经营活动的"在线化"和"数字化"，这是帮助许多中小实体企业实现弯道超车的一条捷径。中信希望更多企业实现"在线化",从 IT(信息技术)建设上转移到谋市场、推"双创"、做场景、做内容、做体验、做营运上面。

中信集团在实施"互联网 +"转型战略的短短几个月时间内,完成了移动社交平台的上线和推广,现在又实现了基础设施云平台的上线。面向未来,通过"互联网 +"转型,中信集团要转型成为平台型、数据驱动型企业,以期解决自身发展过程中将面临的更多难题。

五、其他综合性企业的治理和管控模式

(一)伊藤忠的管控模式

伊藤忠建立了股东会、董事会、监事会的管理模式。在协同模式上,伊藤忠各业务板块之间关联度不高,更强调外部协同。伊藤忠在管理层设立了内部控制委员会等共计 7 个专业委员会,并建立了一套完整的风险管理体系,确保企业健康可持续发展。各委员会职能如表 1 所示。

表 1 专业委员会职能

名称	目的
内部控制委员会	审议与内部控制系统的整备状况有关的事宜
公示委员会	进行企业内容等的公示以及审议与财务报告有关的内部控制的整备、运用事宜
资产负债管理(ALM)委员会	审议与风险管理体制、制度以及与资产负债表管理有关的事宜

（续表）

名称	目的
合规委员会	审议与合规有关的事宜
企业社会责任（CSR）委员会	审议与企业社会责任（CSR）、环境问题以及社会贡献活动有关的事宜
投融资协商委员会	审议与投融资项目有关的事宜
董事报酬咨询委员会	审议与董事待遇以及董事卸任后待遇有关的事宜

伊藤忠经营的基本方针是：遵照"伊藤忠集团成员企业理念"和"伊藤忠集团成员企业活动准则"，通过与各种利益相关者构建公正且良好的关系，立足于长远提高企业价值。伊藤忠采用董事会、监事（监事会）的公司体制。为了强化董事会决策功能和监督功能以及提高业务执行的效率，伊藤忠在采用执行董事制度的同时，通过社长和董事会，以能实现合理且快速的决策为目的，设置了总公司管理委员会（HMC）以及各种公司内部委员会，对整个公司的经营方针和重要事宜进行商议，由各公司内部委员会在各自负责的领域中开展经营课题的审查、商议。另外，一部分公司内部委员会还邀请公司外部的有识之士来担任委员，建立吸取外部意见的相关机制，辅助实施运营。

此外，伊藤忠任命4名监事包括2名独立监事，每位监事从独立并且客观的角度对经营状况进行监视、监察。常勤监事除了要出席董事会等内部会议以外，还需要通过与会计监察人员等公司内外的监事组织合作来努力强化公司的监察功能。伊藤忠内部监察设置了监察部，监察部在与监事一起协商内部监察计划的同时，还通过定期会议进行彼此之间密切的信息交流与协作；还设置了直属于监事会的监事室，作为支持监事履行职务的组织。

自 1997 年起，伊藤忠为加强公司治理，执行的策略如表 2 所示。

表 2　为加强公司治理执行的策略

年份	策略	目的
1997 年	采用公司内公司制度	决策的迅速化、经营的高效化
1999 年	执行董事制度	强化董事会的决策功能和监督功能
2007 年	将执行高管和执行董事的任期缩短至 1 年	明确任期内的经营责任
2011 年	引进独立董事制度	提高经营监督的实效性和决策透明度

公司进行新投资时，首先，申请部门需先对投资意义、发展战略、事业计划、收购价格的适当性、符合投资标准的情况、撤资条件的设定等进行充分验证，再进行申请。其次，申请部门得到相关职能部门（管理部门）从专业角度分析风险后出具的审查意见，通过公司管理委员会（DMC）的审议，由公司总裁进行审批。超出总裁权限的项目必须在总公司管理委员会（HMC）会议上，从收益性、战略性等方面进行追加讨论，才能获得批准。当然，在总公司管理委员会进行讨论前，需提前经过由战略总监（GSO）、财务总监、综合风险管理部长、监事等构成的投融资协商委员会的审议。如此，公司不仅实现了在内部移交裁决权力并迅速实施决策，同时通过设立多重审查流程，有效地抑制了投资风险。

（二）三星集团的管控模式

三星集团是韩国最大的企业集团，也是韩国财阀体系中最典型的代表。三星集团的发展围绕着两个核心人物展开：创始人李秉哲及其第三子李健熙。前者比较像传统商人，顺着市场趋势而为，在大部分情况下并不冒险；后者则更注重主动变革，不断发动战略性举措。

在李秉哲治理时期，三星从商贸企业发展为民生轻工企业，后来又进入工程、重化工业和电子加工业，到20世纪80年代初，三星成为韩国第一大企业，但李秉哲在人生最后四年主动发动了半导体之战，一举将三星带入半导体领域，在内存（DRAM）领域成为世界重要玩家。自此三星集团获得了在激烈竞争的高科技领域的制胜法宝，并形成了其独特的战略。

三星集团以三星C&T为最高层，通过三星C&T及李健熙、李在镕等家族核心成员以及三星福利基金会等对三星各上市公司持股，并存在交叉持股的情况，形成一个复杂的持股利益链条，可以说三星集团是"网状的互相关联的集团"。三星集团股权结构的外在表现是，无论是三星C&T、三星电子、三星人寿等经常作为股东角色出现的企业，还是李健熙等个人股东，单个持股股东对上市公司持股的比例都不高，并且存在上市公司自己持有自己股份（库存股，韩国法律允许）的情况。此外，大量韩国国内外机构投资者都参与了三星集团诸上市公司的持股，形成利益共享结构。

三星集团内部管理制度和口号繁杂，核心是"铁三角"，即李健熙（引领者）、智囊团、社长团（执行者）。引领者负责确定方向，智囊团提供支持，执行者指导执行，并向引领者和智囊团汇报执行情况。三星集团的智囊团部门对事关集团（附属公司群体）的大事提供指导纲要，包括公开宣传、人力管理、法律合规等，促进诸附属公司形成合力。此外，它还对附属公司要开展的新业务进行风险管理。该部门还监督三星集团的业务结构及无形资产，监督集团对附属公司的战略落实、知识创新与共享以及管理支持，而且还对附属公司的重大投资决定享有决定权。三星集团认为，这个部门是在股东利益、管理者和职业经理人之间寻求最佳平衡。而外部也认同该部门的重要性，甚至有人认为，对三星集团而言，此部门的存续，是三星集团作为跨行业财阀存续的基石。

同时，三星集团特别重视国际化，建立了国际化管培生重点人才制度，包括"地区专家制度"和"未来策略小组"。地区专家制度，就是选拔工作满 3 年的具有国际化思维的优秀单身员工，前往海外考察一年，体验当地环境，建立自己的人脉网。20 多年来，该制度的推行为三星集团培养了几千名专家。"未来策略小组"则是招募全球优秀的管理硕士和博士，负责电子、保险等核心业务，为子公司提供与海外机构相关的内部咨询服务。

在经营管理中，三星集团通过"差距战略"和"技术领导战略"等对外战略实现行业领导力。所谓差距战略（Gap Strategy），指的是在既有产业领域拉大与竞争者之间的差距。这是由科技领域重资本、具有周期性波动、参与行业竞争的企业需要咬紧牙关克服周期波动才能幸存下来而不是被"震荡"淘汰的特点所决定的。

技术领导战略，指的是竞争者更快地将新型及创新性产品引入市场，以此来追求市场领先，这是比"差距"战略更高一级的战略。这样，三星集团不但能够在竞争中取得主动，而且可以通过先发优势成为标准的制定者，进一步巩固行业地位。

在对内管理方面，三星集团则是通过对内"制造竞争、形成压力"来保持子公司活力。这种合作竞争可以在三星集团不同层面上呈现——既可以是同一公司内部的不同部门，也可以是不同附属公司之间。其具体体现在两大内部管理方法上。

第一个内部管理方法是"平行投资"。"平行投资"就是很多小组都一起做同一项目。比如，当三星集团研发 1MB（1024×1024 字节）的 DRAM 时，三星电子的内部研究组就和它在 SSI（美国研发机构）的研究组之间展开相互竞争。当三星集团决定研发 OLED（有机发光二极管）技术时，三星电子的 LCD（液晶显示器）部门和三星 SDI[①] 互相竞争。两个小组，谁先研发出来谁就主导未来，而失败者将被淘汰。

第二个内部管理方法是"双重资源"。它指的是同时利用内部及外部供应商。比如三星手机，可以采购三星电子半导体部门的闪存，也可以采购其他存储芯片供应商的闪存，由质量决定。这也使得三星集团在不同附属公司和领域中可以成功建立起合作竞争体系。

---

① 三星 SDI 是三星集团在电子领域的附属企业。——编者著

激励机制是保持竞争力的重要手段。三星集团激励附属公司的基本机制之一就是基于绩效的薪酬制度。三星集团对于每个附属公司和业务部门都有"基于绩效"的激励措施和"基于目标"的激励措施。前者有利于业务部门重视和分享业绩，后者对于高科技领域尤为重要，因为竞争和研发的压力会导致企业财务上无法赢利。例如，在半导体和液晶面板业务运营初期，三星集团的对应部门都经历了长达4年的亏损期。对于完成绩效的子公司，三星集团会按该公司EVA的20%作为业绩奖励，但不超过年度基本工资的50%。对于完成目标的子公司，三星集团会根据完成情况而定，分两次给予目标奖励，但数额不超过月工资的100%。

此外，在多产业扩张的历史上，三星集团一度使用所谓的"飞鹅"战略发展新业务及管理业务组合，即假设有一个三星集团的附属公司很成功，总部会把其模式应用到另一个新设立的附属公司。

（三）GE 的管理体系

GE 的管理模式与其事业部制的板块式业务架构密切相关。GE 通过构建和管理特色鲜明的业务板块，推动发展。对于协同能力强的业务，将其归入同类的板块，发挥 1+1>2 的优势。对于有独立运营能力、可以提供额外的收益来源或者具有较大发展潜力的板块，推动其独立运作，形成新的增长点。对于发展前景受限的业务，可以以板块的形式，实现较为完整的剥离，回收资金。金融业务的发展和剥离，都是基于这种模式而得以实现。目前，GE 设立数字化板块，希望抓住智能制造、工业数字化和服务数字化的机遇，形成新的增长点，与其当年发展金融业的思路异曲同工。

GE 的事业部制的成功，很大程度上来自其强总部的管理模式。作为一家以高科技制造业为主业的公司，GE 本身不太强调旗下板块的自主发展，而更重视不断加强其执行能力、市场反馈能力和信息传达能力，为其事业部架构的成功奠定了基础。

这种结构，也帮助韦尔奇推进其领导的归核化改革。所谓归核化（Refocusing），是指"为了提高自身的竞争能力和地位，采取多种方式将其经营重点集中到核心行业，以谋求更大的竞争优势"①。

如果说多元化经营是企业实现规模扩张的自然产物，那么归核化就是抵御扩张导致效率降低的一个方法。1981 年，韦尔奇根据未来发展的需要，提出了以数一数二原则为中心的 GE 改革方案。按照韦尔奇的理念，在竞争激烈的全球市场中，任何事业部门存在的条件是在市场上"数一数二"，否则就要被砍掉——整顿、关闭或出售。1985 年，韦尔奇进一步把数一数二原则扩展成四个原则。第一，在行业内数一数二；第二，在财务表现上，股东权益报酬率必须达到 18%~19%；第三，具有明显的竞争优势，能够提供无人可及的价值；第四，能充分利用 GE 在资本投资、维系力量和专业管理方面的独特杠杆优势。

为了避免规模扩张带来管理效率降低的问题，GE 通过"无边界"思想降低企业内部平行部门的沟通壁垒，通过组织扁平化去除管理层

---

① 康荣平,柯银斌.企业多元化经营[M].北京：经济科学出版社，1999 年 6 月.

级之间的壁垒。通过"无边界"思想，GE 同一层级之间的信息流动更加畅通，平行部门的联系和协作更加顺畅。"无边界"还可以被视为一种学习和传播方式，即只要有价值的方法和理念，无论它来自内部还是来自外部，都让它以最快的速度在全公司以及客户之间传递共享，让各个部门协作起来。

GE 通过"组织扁平化"改造，压缩了管理层级，减少事业单位与高级管理阶层之间的沟通障碍。压缩后的管理层级，从一线员工到总裁之间不超过五层，在很大程度上提高了管理效率，使 GE 成为世界上生产率最高的大企业之一。

在运营模式上，GE 通过全球化战略、服务战略、六西格玛战略和电子商务战略四大战略推动企业发展。

通过全球化战略，GE 快速实现全球化运营。其模式是通过并购来落实全球化战略。依托提前布局，GE 大量并购能加强主体业务并大幅度拓展企业的市场空间，从而满足全球市场需求，实现快速增长。人才全球化则是 GE 成功实施全球化战略的重要保证。人才全球化不但为 GE 提供了开发市场和产品的宝贵人才，还帮助 GE 把其自身的价值观念同当地的价值观念很好地结合在一起。在"无边界"和扁平化打造的组织架构的影响下，GE 分布在世界各个国家和地区的部门之间以及与美国企业总部之间，随时保持着密切的联系，构成一个遍布全球的信息网。

服务战略是 GE 多元化扩张过程中的重要组成部分。强调服务能力一方面为 GE 提供核心竞争力，支持其研发体系并大幅提升客户黏性；

另一方面极大地为 GE 拓宽了利润来源。目前，GE 通过业务调整，再次将服务业深度融入制造业中，形成了制造业与服务业深度融合的态势。

实施六西格玛战略是 GE 在竞争中保持领导地位的最重要因素之一。六西格玛战略是一种基于质量控制，引导参与者发挥主动性，提升质量、效率和水平的管理战略。GE 把六西格玛质量控制体系作为 GE "无边界" 组织结构形式的自然延伸和扩展。其核心就是让公司将工作重点向外投放到客户身上。每一个实施六西格玛计划的项目，需要首先定义 CTQS（关键质量特性），再按照 "MAIC" 的流程运行，即按照监测（Measurement）、分析（Analysis）、改进（Improvement）、控制（Control）流程运行。GE 根据员工对质量控制的理解能力和应用水平对其进行奖励。六西格玛战略，使 GE 的执行能力和执行效率大幅提升。

电子商务战略是 GE 提升业务能力的信息化战略。GE 最初的信息化战略是以激发和提升其他三个战略的执行水平，使 GE 能够将巨大的客户数据库资源优势有机融合到客户服务当中为目标的。但随着网络的发展延伸，信息化战略的重要性不断提升和增强，现在已经成为 GE 发展战略的有机组成部分。GE 电子商务每年支持 10 亿笔，交易总额超过 1 万亿美元。GE 精心构造的业务管理制度系统是 GE 多元化的加速器，它将 GE 的总裁、高级经理与管理人员的优秀经营理念转化为具体行动。目前，GE 的信息化系统已成为 GE 为客户提供数字化服务，全面参与工业产业整体升级的重要支柱。

（四）伯克希尔的管控模式

查理·芒格和巴菲特是伯克希尔的管理合伙人（Managing Partners of Berkshire），但是他们俩将所有的具体事务都委托给了子公司的管理层。整个伯克希尔拥有大约 36 万名员工，但是总部只有 25 人，从一个侧面反映了伯克希尔给子公司较大管理权限。

对于总部员工的工作，巴菲特在 2015 年致股东的信中做了清晰的描述："在我们公司总部办公室工作的 24 名男女雇员也同样重要。他们高效地处理证券交易委员会和其他管理机构的要求，填写了 30400 页联邦所得税申报表——比前一年多了 6000 多页！还要监管 3530 页州税申报表，回应无数的股东和媒体问询，撰写年度报告，准备美国最大规模的年会，协调董事会的活动，对这封信进行事实审核——这份任务列表还可以写很长。"

查理·芒格和巴菲特则主要关注资本配置和落实关键经理人的待遇等问题，这使子公司的经理人能够独立运作业务，独立运营决策，并将产生的超额现金上交给总部。

伯克希尔的业务模式核心在于：一是保险业务与其他业务形成了相互支撑的关系，二是各个业务之间由于"补强型收购"（Bolt-on Acquisition）而相互协同，三是伯克希尔为下属企业有效地降低了债务成本，四是在合理选择行业和管理人的基础上，保持子公司的良好运营。

2017 年，伯克希尔用于并购和支持企业运营的浮存金达 1000 亿美元左右。其 1970—2016 年浮存金的状况如表 3 所示。

表3 伯克希尔"浮存金"的状况（1970—2016年）

年份	浮存金（亿美元）
1970	0.39
1980	2.37
1990	16.32
2000	278.71
2010	658.32
2015	877.22
2016	915.77

资料来源：伯克希尔公司2015年年报、2016年年报

伯克希尔非保险业务板块的良好盈利也为保险板块应对突发巨大风险提供了保障，对冲了金融业务的风险。

开展"补强型收购"是伯克希尔的一个策略。例如，2015年，伯克希尔进行了29项补强型收购，计划总耗资为6.34亿美元，购买价格从30万美元到1.43亿美元不等。"补强型收购"的并购对象是与伯克希尔现有业务配套，并购之后可以由现成的专业管理团队接管，无须大费周章去整合即可获得盈利回报的企业。例如，伯克希尔收购亨氏。收购后，亨氏等公司通过与卡夫的合并使市场规模增加了1倍多，新公司每年销售额达270亿美元。

作为一个整体，伯克希尔作为集团母公司，其庞大的资产、收入与利润，能够为下属公司在举债方面带来很大优势，能使它们借到比其他公司利率更低的资金，这对伯克希尔－哈撒韦能源公司（BHE）等需要大量资本投入的子公司尤为重要。

在 2017 年致股东的信中，巴菲特再次强调了这一点，"利润来源众多，而且还有一家强大的母公司，这就使得 BHE 和其他公用事业子公司能够以比行业水平低得多的利率来发行债券融资。"

（五）华润集团

目前，华润集团下设 7 大战略业务单元、16 家一级利润中心，实体企业 1948 家，在职员工 45 万多人。集团核心业务包括消费品（含零售、啤酒、食品、饮料）、电力、地产、水泥、燃气、医药、金融等。

经过几年经营实践，华润集团在资源分配上有意识地向资源掌控型业务（电力、燃气、水泥等）和消费终端型业务（零售、啤酒、地产、医药等）倾斜。

华润集团的组织架构是以扁平化管理原则为基础的利润中心管理模式，划分原则为：以战略为导向，划分战略业务单元，根据行业发展前景、业务性质、资产重要性设立专业化的一级利润中心。在这样的分权管理体制下，各层级之间的联系相对减少，各基层组织之间相对独立，扁平化的组织形式能够有效运作。

集团总部定位为价值创造型战略管控总部，负责规划整体战略，审批行业战略，进行资源配置，推动主业发展，动态调整业务。SBU（战略业务单元）定位为战略管控运营型单位，按照总部做强、区域做实、项目做精的原则，负责实施行业战略，创新生意模式，开展运营管理，实现发展目标。这种模式使集团总部部室职责清晰化，推进了职能总监制度，优化了对 SBU 和一级利润中心的矩阵式管控方式。

在管控模式方面，华润集团先后推行 6S 战略管理体系、5C 价值型财务管理体系、人力资源管理体系、全面风险管理体系、信息化管理体系的建设。

6S 战略管理体系将业务及资产划分为责任单位并作为利润中心进行专业化管理。该体系以管理会计理论为基础，以全面预算为切入点，以评价考核为落脚点。6S 战略管理的目的是使华润的管理模式与集团股权复杂和业务繁多等具体情况相适应，由管理法人企业转到管理主要业务与资产上来；由分别多元化管理，转变到各自专业化管理上来，最终通过行业整合，推动"集团多元化、利润中心专业化"整体战略的实施。6S 战略管理体系具体包括战略规划体系、业绩评价体系、内部审计体系、经理人考评体系、管理报告体系和商业计划体系六个部分，如图 10 所示。

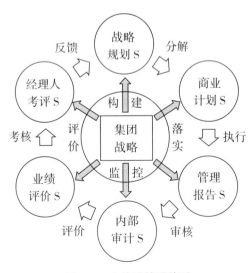

图 10　6S 战略管理体系

战略规划体系以多元化控股下的专业化管理为基本框架，突破股权与财务架构，在集团专业化分工的基础上，将集团及下属公司按战略管理的原则划分为 SBU。每个 SBU 必须是可制定战略、可执行战略的单位。只有更加专业化，符合集团总体战略要求的业务单元，才可能进入 SBU 序列。设立 SBU 是利润中心进一步专业化发展的需要，也是落实集团总体战略的重要基础。

商业计划体系在利润中心行业分类和发展战略的基础上，推行商业计划管理，将发展战略细化为年度经营目标，并层层分解，落实到每个业务单元的日常经营上，借以进行过程控制。在对待商业计划的态度上，公司强调过程的重要性，业绩结果与商业计划越接近，说明对市场和内部运营的把握越准确，说明该企业的专业判断力和专业化管理水平越高。

业绩评价体系是指根据利润中心不同的行业性质和发展战略，建立战略导向的业绩评价体系，以业绩评价引导战略执行，按评价结果确定利润中心奖惩标准。评价体系适应利润中心的竞争战略，战略转化成了财务、顾客、流程和学习四个维度的关键业绩指标，从而使考核评价成为战略执行工具。四个维度的设置来自 BSC（平衡记分卡）的理念，从而使考核评价成为战略执行工具。以前对企业的业绩评价比较偏重短期性、财务性、发展性。加入了顾客、流程和学习维度后，企业不仅要与过去比，还要和行业平均水平比，和行业标杆企业比；不仅要看营业额、利润、ROE 等财务指标，还要比客户和员工满意度、员工专业技能提高程度、社会贡献度、环保安全等"绿色指标"、软指标；不仅要重视短期效益，还要关注企业中长期战略目标实现程度等。这样，对企业的评价有了更全面、更客观的标准，使企业的发展更具可持续性，更加稳健，更加有后劲。

集团通过内部审计体系来强化战略执行和全面预算的推行，从而支持战略管理决策和经营预算决策的有效性。审计分为常态审计和非常态审计，常态审计是每年定期组织 1~4 次的审计，以加强控制。非常态审计是在特殊情况下，或者接到举报时，由集团负责随时进行审计。

战略责任和经营责任同时落实到各级责任人，从而战略规划和战略执行的考核与经营管理目标责任也同时落到利润中心经理人身上。结合战略性的业绩评价结果，同时按设定的经理人标准对利润中心负责人进行年度考核，并与其薪酬和任免挂钩，以考核其战略执行。考核体系重点既包括对结果的考核也包括对过程的考核。考核体系主要从业绩评价、管理素质、职业操守三方面进行评价，不但考核财务业绩，还要从激情、学习、团队、诚信、创新、体质、成长环境等方面进行考核。考核体系另一个重点是对资源有效利用的评价，其核心指标是增值利润。

在战略执行过程中，每个利润中心定期进行管理分析和编制管理报告，并汇总成为集团总体管理报告，作为战略执行检讨和重大决策的依据。管理报告不同于对外的财务会计报表，它是一个层次清晰、内容直观的内部报表，能够反映每一个战略业务单元的业务特点，并同时兼顾结果控制与过程控制。各利润中心报表按行业特点对市场竞争战略进行检讨，集团和利润中心同时监测战略目标与业务经营目标的执行过程和结果。最后，通过汇总分析形成集团的管理报告，监测整体业绩结果。管理报告体系中的表现形式有两种：在线形式和报告文本形式。在线形式偏重数字，具有在互联网上同步互动的特点。总部可以动态掌握所属利润中心的业绩指标变动情况，并就需要关注之处进行批示，而报告文本形式则偏重于定性分析。集团财务部向集团领导每月提交管理报告，就集团上月整体经营情况进行分析，重点说明利润中心的经营亮点、所处行业情况、竞争对手情况、宏观因素影响及集团所关注的事项。在线形式和报告文本形式相结合，使管理报告体系成为集团管理层对利润中心进行决策的重要参考依据。

财务管理方面，华润建立了 5C 价值型财务管理体系。该体系是以资本、资金、资产管理为主线，以资本结构（Capital Structure）、现金创造（Cash Generation）、现金管理（Cash Management）、资金筹集（Capital Raising）和资产配置（Capital Allocation）为核心的价值型财务管理体系。5C 体系内在的循环逻辑是：公司在价值创造过程中，首先考虑资本来源、资本成本和结构比例，设定公司资本结构；通过经营活动将资本转化为有竞争力的产品或服务，实现现金创造，获得持续增长所需的内部资金来源；通过付息、派息、现金周转与资金集中等进行现金管理；通过与资产结构相适配的资金筹集安排，获得持续增长所需的外部资金来源，并通过资产配置活动动态调整资产组合以实现公司价值持续增长，从而形成价值创造的完整循环。

资本结构是 5C 价值型财务管理体系的逻辑起点。资本结构管理是一个动态过程，目的是使资本结构指标趋向并保持在长期目标资本结构指标区间内，通过降低加权平均资本成本（Weighted Average Cost of Capital，WACC）来增加公司价值。

现金周期管理主要通过管理现金流入、流出和留存管理提升现金周期效率，减少公司资金占用，降低资本投入。总部实行资金集中管理实现资金的统一调配和运用，提高资金使用效率。现金预算是公司的日常现金管理工具，集团和业务单元在经营预算和资本支出预算的基础上编制现金预算并进行现金滚动预测，充分发挥现金预算的财务资源配置作用。

通过多年的实践、反思与总结，华润摸索出一种颇具自身特色的多元化企业集团产业发展资金筹集模式。在整体战略规划指引下，独自或联合 PE 共同为上市公司并购暂不具盈利能力但具有发展潜力的项目，或投入资金为上市公司拓展新市场、发展新业务。孵化过程中，由上市公司具体负责运营和管理，待项目培育成熟并具有一定盈利能力或新业务具备规模化生产条件后，再由集团向上市公司注入资金。融资逻辑以稳健为基调，重视现金流的稳定和安全。

在战略规划指导下和管理体系的支撑下，华润在宏观和微观两个层面实行资产配置，宏观层面是指根据集团行业发展战略将有限的资源主要配置在各项主要业务上，微观层面是指各产业板块资产结构与目标投资合理配置。财务资源按照资本市场的规律，结合发展战略为资源配置提供决策支持。同时，单家企业的资产结构优化也是提升企业价值的必由之路。

此外，华润还设立了华润大学，系统提升组织能力，推动可持续
发展。

（六）中粮集团有限公司

截至 2015 年底，中粮集团全球仓储能力达 3100 万吨，年经营总
量近 1.5 亿吨，年加工能力达 8950 万吨，年港口中转能力达 5400 万吨，
拥有包括种植、采购、仓储、物流和港口在内的全球生产采购平台和
贸易网络。国际贸易量超过 6500 万吨，约占全球贸易总量的 12%。总
资产在全球粮商中排名第一。中粮集团纳入合并范围内的二级子公司
共 34 家。目前，公司下设战略部、财务部及风险控制部等 12 个职能
部门；明确农粮、食品、地产和金融四大业务板块，以投资性业务支
持核心主业。

2016 年，中粮集团国有资本投资公司改革试点方案出台，确定了
国有资本投资公司改革的目标。管理模式向国有投资公司转型，商业
模式向专业化公司转型，企业定位向保障粮食安全和食品安全功能转
型，发展模式向内涵式和提质增效转型。转型的重点之一是压缩层级、
精简放权，实行三级管理——集团总部、18 家专业化公司和生产单位，
形成“集团总部资本层—专业化公司资产层—生产单位执行层”三级
架构。

第一级，集团公司总部，定位为资本运营中心，其主要职责是管
资本、管全面、管大局；总部要做到职能部门的优化，确保精简精干。

第二级，18家专业化公司，定位为资产运营中心，主要职责是资产投资、运营，获取利润回报。

第三级，生产单位，定位为生产经营和成本中心，主要职责是业务具体运营；生产单位的组织结构是按需设置，实现管控高效。

为打造中粮的全产业链，中粮集团非常注重产业链协同发展，并为此在集团层面成立了全产业链促进委员会（以下简称"促委会"），以促进集团内部积极、主动、有效的内部协同。促委会隶属于总裁办公会，后者是由集团董事会领导，以落实集团年度经营计划和预算为核心，围绕系统能力建设，以各专业委员会为抓手，全面推动集团各项工作。

促委会的职能定位为：对"全产业链"战略落实中的一些关键环节、职能和内容进行有效管控；构建并提升集团系统业务能力，推动内部协同机制的建设与完善。促委会下设9个业务小组和2个职能小组，促委会主任由中粮集团总裁担任，各小组组长由集团副总裁或总裁助理担任，具体负责不同子公司间协同业务的推进，各小组分别设立或指定现有办公室负责开展具体工作，部分小组设有专家委员会为解决问题提供专业意见。

促委会及其所属各小组开展工作主要是通过会议机制，讨论决定相关事项，需调研的事项先调研，在会议和调研基础上，形成共识和工作方案，再推动落实，以此来逐步建立系统，提升能力。促委会每年年底会对各小组组长年度目标完成情况进行考核，使指标的设计做到可量化、可衡量和可考核。指标设计和考核的闸口部门为绩效评价办公室和全产业链办公室。

中粮集团业务品种多、分布广、管理难度较大，通过多年的实践和探索，中粮集团已经形成了较为系统和富有特色的集团管控体系。

现阶段中粮在集团层面采用的是战略规划型管控模式。中粮集团根据集团自身发展情况，按照业务相关性和管控程度两个维度，将管控主体分为控股公司（独立业务—财务管控）、战略构建者（共享技能—战略指导）、战略控制者（共享业务系统—战略计划）和操作者（同一业务系统—操作）四种类型，对应于集团现有组织架构的各个层级，形成集团管控模式的分层差别化设计。中粮集团总部相对于一级经营单位属于战略构建者，一级经营单位相对于二级经营单位属于战略控制者，二级经营单位相对于集团和一级经营单位属于操作者，如图 11 所示。

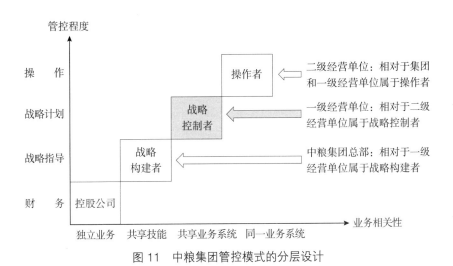

图 11 中粮集团管控模式的分层设计

自 2005 年实行有限相关多元化战略以来，中粮信团采用了加强集团纵向关系的垂直型管控手段，通过"6S"管理体系，保障集团战略的有效贯彻与实施。6S 管理体系的系统化构想是，在梳理投资多元化与经营专业化关系的基础上，将集团及所属公司分为行业相对统一的利润中心——业务单元，推行各业务单元竞争战略制定和检验，进而推行预算管理，编制管理报告，相应进行审计、业绩评价和经理人评价。

战略管理体系贯穿 6S 管理体系的始终。战略制定过程是团队分析业务、研讨未来发展方向的过程，是一个"自上而下"到"自下而上"不断反复的过程。

全面预算是战略和经营计划的财务语言表达。全面预算报告是对战略和年度经营计划目标使用财务语言细化为预算财务报告的过程。全面预算要强调结果导向下的过程控制，业务单位不应以将实际业绩控制在预算框架内为目的，而应通过预算对战略执行过程进行检讨，提高自身对业务的理解和把握能力、解决实际问题的能力。

管理报告体系重点关注战略和经营计划执行情况、预算完成情况。管理报告是分析战略执行的工具，应结合战略规划、经营计划和预算，重点关注年度经营计划执行情况，关键指标目标值和全面预算的完成情况。管理报告体系注重偏差分析、比较分析、强调时效性，是进行战略监控和决策的重要依据。

内部审计体系针对的重点是战略执行情况、预算执行偏差、管理报告真实性、执行集团规章制度情况等，目标是不断纠正战略执行、业务经营中的偏差。

绩效考核体系和经理人评价体系。绩效考核体系强调战略导向的多维度评价，注重多种指标结合，关注战略推进程度和经营成果，讲求科学客观。

财务管理方面，中粮集团建立了垂直集中的财务资金管理体系和审计监察体系。一级经营单位财务部正职、副职、助理职的任命，二级经营单位财务经理的任命，必须征得集团财务部的同意。对一级经营单位财务部门的考核，集团财务部占 40% 的权重。中粮集团对一级经营单位、二级经营单位资金存量、流量实施集中管理。

中粮集团对投资实施严格的集中管理制度，规定：新建类项目和并购类项目必须由集团审批，300 万元以上单项改扩建类投资项目、二级经营单位累计 5000 万元（含）以上的年度改扩建投资计划必须由集团审批；300 万元以下单项改扩建类投资项目、二级经营单位累计 5000 万元（含）以下的年度改扩建投资计划必须由一级经营单位审批。其中，投资审查委员会负责审批投资总额在 5000 万元（含）以下的新建类项目、300 万元以上单项改扩建类投资项目，并向董事会通报和备案；董事会负责审批投资总额在 5000 万元（含）以上的新建类项目、改扩建类投资项目。投资管理制度规定，集团所有的投资活动必须满足集团对投资项目的定量管理指标。在投资流程方面，中粮集团建立了严格、科学、高效的投资立项、可行性研究、初审、复核、审查、审批、实施过程管理和后评价管理流程。

中粮集团建立了大宗商品风险管理的三级体系。就其机构设置来说，集团层面有大宗商品风险管理委员会，集团财务部风险管理部和中粮粮油运营风险管理部等负责统筹大宗商品风险管理的事宜，一级经营单位层面负责风险管理工作的部门有中粮粮油采购管理办公室、中粮粮油运营风险管理部、中粮屯河糖业部、中粮食品财务部、中粮肉食战略部以及中粮包装供应链管理部等，二级经营单位层面具体执行风险管理职能的就是经营大宗商品业务的各业务单元。

（七）招商局集团

招商局集团总部现有 11 个部门，分别为办公厅（董事会办公室）、人力资源部、财务部（产权部）、战略发展部（信息管理部、研究部）、资本运营部、监察部、风险管理部（法律部、审计部）、综合交通部、金融事业部、区域发展部（自贸办）、综合物流事业部，旗下共有 12 家一级公司，香港 5 家和内地 7 家。截至 2014 年底，集团及所属企业在岗职工总数约为 5.11 万人。集团人才资源（指按国资委统计口径的经营管理人才、专业技术人才和技能人才）总数为 3.29 万人，其中，三类人才依次分别占比为 27%、31% 和 42%。

招商局集团围绕建设"具有国际竞争力的世界一流企业"的战略目标，强化管控，以诚信、稳健、高效、透明的运营原则夯实可持续发展根基；以"稳中求变、变中求新、新中求进"为基调加快实施创新驱动发展战略，充分发挥资本优势、品牌优势、管理优势、区位优势，实现新跨越；本着"共建共享，共进共赢"的理念，着力打造七大产业生态圈，推进价值链延伸，携手生态圈内各利益相关方融合发展，合作共赢。

在市场快速变化、集团向国有资本投资运营平台迈进，下属公司不断成长壮大的背景下，招商局集团在做好基础管理的同时，重新审视管控模式，简政放权，推进总部向"3S"转型，如图12所示，努力建设"有权威的总部、有效率的总部、有价值的总部、有平台效应的总部"。

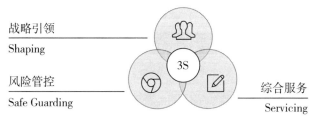

战略引领
Shaping

风险管控
Safe Guarding

综合服务
Servicing

图 12　招商局集团的 3S 转型示意

按照国有资本投资运营公司平台的要求，招商局集团 2015 年推动总部机构改革、完善总部人员结构、加强总部能力建设。作为战略中心与管理中心的集团总部，逐步向平台化转型，包括思想平台、研究平台、策划平台、孵化平台、协同平台、资本运营平台、品牌平台、融资平台、人才平台等，从而着力促进集团管控效率提升。招商局集团风险管控体系如图 13 所示。

作为多元化产业与资本运营并重的企业，招商局坚持稳中求进，持续完善风险管控体系，扎实推进"规范招商、法治招商、廉洁招商"建设，自觉接受各利益相关方的监督，为百年招商局集团实业长青不断筑牢根基。

组织架构		
风险决策层	集团董事会	重大经营决策法律审核率100%
风险管控层	集团风险管理委员会	
	业务职能部门　风险管理委员会办公室／风控职能部门　审计、监察职能部门	商务合同法律审核率100%
风险经营管理层		
	下属单位	
	第一道防线 体系实施与维护／第二道防线 统筹、组织协调和管理／第三道防线 独立监督、评价与审计	规章制度法律审核率100%
	横向风险管控	

纵向风险管控

运作机制

风险管理与内部控制体系

风险识别 ▶ 风险评估 ▶ 风险应对、跟踪及评价

根据宏观环境及经营分析、年度内控评价、专项审计、内部监察、风险预警等，梳理集团年度核心风险清单。

基于风险评估问卷、高管访谈分析、重大出险事项分析、风险偏好与容忍度评估等，获得年度风险评估结果。

持续完善重大风险应对策略，包括方案制订、执行、跟踪监控、评估整改等。

确定25项核心风险。

纳入评估范围单位的资产及营业收入总额覆盖率均超95%。

管理工具

经营分析及专题会议，专项审计及检查报告，风险预警指标体系。

风险问卷及评估模型，高管专项访谈，风险预警指标模型。

风险应对现状统计表，内控缺陷整改跟踪表，专项调研报告。

保障支撑

风险管理队伍建设	风险管理文化宣贯
风险管理考核机制	风险管理与内部控制信息化平台

图 13　招商局集团的风险管控体系

（八）平安集团

中国平安保险（集团）股份有限公司（以下简称"平安集团"）于1988年诞生于深圳蛇口，是中国第一家股份制保险企业，至今已发展成为融保险、银行、投资三大主营业务为一体、核心金融业务与互联网金融业务并行发展的个人金融生活服务集团之一。平安集团为香港联合交易所主板及上海证券交易所两地上市公司，股票代码分别为2318和601318。

平安集团拥有87万名寿险销售人员和约27.5万名正式雇员。截至2015年12月31日，集团总资产达4.77万亿元；归属母公司股东权益为3342.48亿元；归属于母公司股东的净利润达542.03亿元，同比增长38.0%；集团核心金融公司个人客户总量近1.09亿人，较年初新增客户超过3000万人；互联网用户总量约2.42亿，较年初增长75.9%；寿险业务实现规模保费近3000亿元，产险业务保费收入突破1600亿元；平安银行全年实现净利润218.65亿元，同比增长10.4%；平安证券实现净利润24.78亿元，同比增长168.2%。[①]从保费收入来衡量，平安寿险为中国第二大寿险公司，平安产险为中国第二大产险公司。

平安集团对下属企业保持高度控股，控股比例多在90%以上，如图14所示。对旗下公司实行高比例持股，能避免公司治理上的分散性，能有效进行旗下资源整合与共享，以确保能够产生协同效应。

---

① 中国平安二〇一五年年报 [EB/OL].（2016-03-15）[2017-07-16]. http://www.pingan.com/app_upload/images/info/upload/e65c7e4a-4ceb-4843-a9f3-f5d7f4119784.pdf.

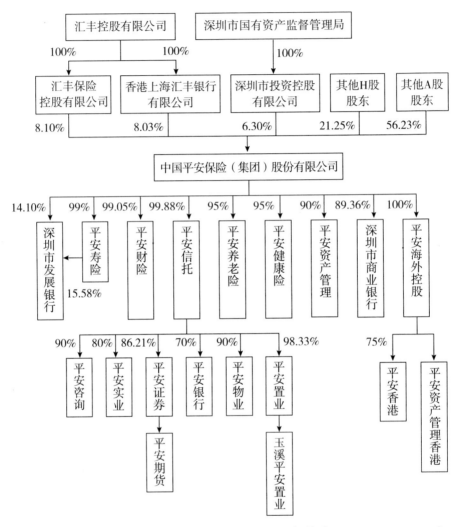

图 14 平安集团与下属企业股权关系

作为典型的金融控股集团，平安集团遵循"集团控股、分业经营、分业监管、整体上市"的管理模式，在管控模式上偏向于战略设计型。其对专业子公司均为高度控股，通过股权控制和完善的公司治理结构对所属企业进行统一管理；平安集团总部负责集团发展战略、统一规划和重大投资决策等重大事项，各子公司独立经营。

在具体经营管理模式上，平安集团借鉴德国足球队布局理念，形成自己的"4-2-3+1"阵型"平安战车"。

后场"4"，是指集团投资管理中心、集团资金中心、集团内控中心和集团品牌＆投资者关系管理中心。它们以管控集团的全方位风险为导向，确保整个集团面临的风险在警戒线以下，保障集团的资金、资产和品牌安全。

中场"2"，是指集团企划＆人力资源中心和由平安科技、平安数码科技和平安金融科技组成的科技中心。企划＆人力资源中心负责集团战略管理、绩效考核、重大投融资决策，并在集团范围内调动、配置所需的人力资源。科技中心则负责建立集团内部统一的金融后台处理中心，形成综合金融大后援，实现科技引领金融，起到组织路线、协调资源、控制节奏的作用，是支撑业务的"双引擎"。

前场"3+1"，是指集团通过下属控股专业子公司开展的保险、银行、投资三大传统金融业务，加上由平安陆金所、支付业务、平安好车、万里通、移动社交金融门户等组成的非传统金融业务即互联网金融业务。传统金融业务以"综合金融，贡献利润"为核心，做好金融超市、客户迁徙工作；非传统金融业务以"互联网门户战略，贡献价值"为核心，做好海量获客，高频互动，积累大数据工作。总之，前场是现在和未来、短期和长期的价值创造中心。

平安集团掌舵人马明哲将公司的管理模式概括为"16字方针"：集团控股，分业经营，分业监管，整体上市。在平安集团管控模式下，集团本身不经营具体业务，只以股权为纽带，以董事会为管道，控股经营保险、银行、证券、信托、资产管理等业务的子公司。集团与"一行两会"共同对子公司形成"双重管控"，包括审计、财务管控、合规内控、计划执行、高管问责等，并发挥"战略方向盘""经营红绿灯""业务加油站"三大职能，实现内部资源的充分共享、协同效应的最大限度发挥。

第四部分

产融协同企业发展模式
及其在国企改革中的作用

一、国内外产融协同发展的案例比较

（一）概况

当前，不少国内外大型企业集团都有着"产融协同"，或者说"产融结合"。国外较为著名的大型企业集团如 GE、伯克希尔、韩国三星等，均有着较大规模的实业板块和金融板块。

以 GE 为例，其不仅拥有庞大的实业板块，还拥有涵盖能源金融服务、工业金融服务和航空金融服务三大业务的金融板块。在 1990—1999 年，GE 金融板块的利润占比达 37%，2000—2015 年，此比例增加到 41%。GE 的业务板块分布如图 15 所示。

再如，伯克希尔是一家典型的产融协同发展的企业，其在主要业务方面已经形成了 4+1 的格局。4 指的是四大业务板块，即保险板块，铁路与公用事业和能源板块，制造业、服务与零售板块，金融及金融产品板块，这四大业务板块主要是由伯克希尔控股运营；1 指的是持股投资板块，即在巴菲特的领导下，伯克希尔投资了多家优秀企业的股份，多年来获得了不菲的收益，如表 4 所示。

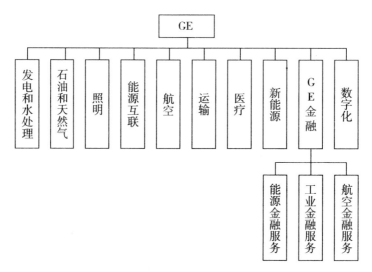

图 15　GE 的业务板块架构

表 4　伯克希尔的业务板块格局（2015 年）

	收入 （亿美元）	占比 （%）	税前利润 （亿美元）	占比 （%）
保险板块	458.56	21.75	63.87	18.28
铁路与公用事业和能源板块	401.98	19.07	96.26	27.55
制造业、服务与零售板块	1078.25	51.15	71.15	20.36
金融及金融产品板块	69.64	3.30	20.86	5.97
持股投资板块	99.78	4.73	97.32	27.85
合计	2108.21	100	349.46	100

资料来源：伯克希尔公司 2015 年年报

　　韩国三星集团的金融资产则主要集中在保险领域，同时涉及证券领域。三星金融板块包括：三星人寿、三星火灾海事保险、三星证券。

　　回到国内，近年来，我国很多实业类（产业）集团也逐渐走上了产融协同的道路，形成了产业控股金融平台公司。这其中既有国企又有民企，既有能源电力等传统行业公司，也有互联网新兴产业公司，范围非常广泛。不完全统计如表 5 所示。

表 5 我国主要的产业控股金融平台公司

主业行业	代表企业
交通运输	招商局集团，中航资本，海航，上汽集团，均瑶集团，东方航空，中远海运集团，东风汽车集团等
能源电力	中石油，国家电网，五矿集团，华能集团，中海油，国电集团，申能集团，中国神华，华电集团，中广核集团，中核工业集团，中国核建集团，大唐集团，长江三峡集团、君正集团等
房地产	恒大集团，绿地集团，万达集团，爱建集团，泰禾集团，新湖中宝，泛海集团，中天城投，华发集团等
信息互联网	方正集团，联想，阿里，腾讯，百度，京东，中国移动等
其他	中粮集团，万向集团，宝钢集团，美的集团，中国邮政，锦龙股份，新希望，海尔集团，华润，中联重科，三一重工，新兴铸管，茅台集团，云南白药，杉杉股份，中化集团，中旅集团，中国黄金集团，浙江东方，*ST 金瑞，经纬纺机，*ST 舜船，鞍钢集团，中国铝业，华菱钢铁等

资料来源：中信建投证券研究发展部

除了建立企业集团的财务公司外，我国产业控股金融平台已较为深入地介入了金融业务，直接或间接取得了银行、证券、保险、期货等金融牌照，不少企业可以说已经基本取得全牌照，如国家电网。而新兴的互联网企业，如 BAT（百度、阿里、腾讯）及京东也正在积极布局各类金融业务。我国产业控股金融平台所涉及的金融业务状况如表 6 所示。

表6 我国产业控股金融平台所涉及的金融业务状况

金融控股集团	创始产业	银行	证券	保险	信托	期货	公募基金	租赁	第三方支付	小额贷款	典当
交通运输类											
招商局	交通运输	√	√	√		√	√				
中航资本	航空		√	√	√	√	√	√			
东方航空	航空运输		√			√	√				
海航	航空	√	√	√	√	√	√	√		√	
均瑶集团	航空运输	√	√		√			√			
中远海运集团	水上运输		√				√	√			
上汽集团	汽车		√				√	√		√	
东风汽车集团	汽车		√	√			√	√			
能源电力类											
中石油	油气业务	√	√	√	√	√	√	√			
中海油	海上油气		√	√			√	√			
国家电网	电力	√	√	√	√	√	√	√			
华能集团	电力、煤炭		√	√	√	√	√	√			
国电集团	电力	√	√	√			√				
华电集团	电力		√	√	√			√			
大唐集团	电力		√					√			
中国神华	煤炭、电力							√			
长江三峡集团	水电工程						√				

（续表）

金融控股集团	创始产业	银行	证券	保险	信托	期货	公募基金	租赁	第三方支付	小额贷款	典当
中核工业集团	核电	√	√				√	√			
中广核集团	核电	√	√	√			√	√			
中国核建集团	核电						√	√			
申能集团	电力	√	√	√			√				
君正集团	煤电、化工			√			√				
钢铁有色矿业类											
宝钢集团	钢铁	√	√	√			√				
鞍钢集团	钢铁							√			
新兴铸管	铁管生产							√			
华菱钢铁	钢铁		√				√				
中国铝业	有色金属		√			√		√			
中国黄金集团	有色金属						√	√			
五矿集团	采矿业	√	√	√	√	√	√	√			
房地产类											
恒大集团	房地产	√		√					√	√	
万达集团	房地产			√				√			
绿地集团	房地产	√			√					√	
泛海集团	房地产	√	√	√	√						√
中天城投	房地产	√	√	√	√	√				√	
爱建集团	房地产、金融		√		√			√			

（续表）

金融控股集团	创始产业	银行	证券	保险	信托	期货	公募基金	租赁	第三方支付	小额贷款	典当
华发集团	房地产	√	√			√	√	√		√	
泰禾集团	房地产	√	√	√					√		
新湖中宝	房地产	√	√			√					
信息技术类											
百度	互联网	√	√	√					√	√	
阿里	互联网	√	√	√			√		√	√	
腾讯	互联网	√	√	√			√		√	√	
京东	互联网								√	√	
方正集团	信息技术		√	√	√	√	√			√	
联想	IT	√		√	√				√	√	√
农业类											
中粮集团	农业	√		√	√	√	√				
新希望	饲料生产	√	√	√							
制造业											
海尔集团	家电	√	√	√					√	√	√
美的集团	消费电器	√					√	√	√	√	
中联重科	工程机械							√			
三一重工	工程机械			√							
万向集团	汽车零件	√			√	√	√	√	√	√	
经纬纺机	纺织机械				√						
茅台集团	酒						√				
云南白药	医药		√								
锦龙股份	纺织业		√			√					
杉杉股份	服装业	√		√							

（续表）

金融控股集团	创始产业	银行	证券	保险	信托	期货	公募基金	租赁	第三方支付	小额贷款	典当
★ST 金瑞	新材料		√								
★ST 舜船	船舶建造				√						
服务业											
中国邮政	邮政业务	√	√	√			√				
华润集团	代理贸易	√	√		√		√				
中化集团	对外贸易			√	√		√	√			
浙江东方	进出口贸易		√			√		√			
中国移动	电信运营	√									
中旅集团	旅游业	√	√				√	√			

资料来源：作者根据中信建投证券研究发展部资料整理

　　而中信等企业集团，虽然过去常常被称为金融控股集团，但在其几十年的发展历程中，往往"产融并举"，目前不仅有资产规模庞大的金融板块，也有相当大规模的实业板块，产融协同取得很好效果。中信集团现已发展成为一家国有大型综合性跨国企业集团，业务涉及金融、资源能源、制造、工程承包、房地产和其他领域。2016年，中信集团位居美国《财富》世界500强排行榜第156位。中信集团在香港基本整体上市的中信股份（股票代码：00267）目前是香港恒生指数最大成份股之一。截至2016年12月31日，中信股份的总资产达港币72380亿元，营业收入为港币3808亿元，归属于普通股股东的净利润为港币431亿元。

（二）产融协同的历史演进路径

在我们所分析的案例中，产融协同的历史演进大概有三条路径，其一是"由产而融"，其二是"由融入产"，其三是"产融并举"，如表7所示。

1. 由产而融：拓展金融业务是为了更好地服务实业。

由产而融最典型的例子莫过于 GE，其金融业务的拓展是与服务实业、促进实业的发展密不可分的。

GE 金融与实业并举的历史，可以追溯到 20 世纪初。1932 年，为了更好地拓展客户资源，GE 组建 GE Credit（通用电气信贷公司），为客户购买 GE 家电提供融资，开始涉足零星的商业信贷，业务范围从专注技术和制造的实业企业，向金融产业延伸。20 世纪 60 年代末，GE 的金融业务开始试水以飞机设备租赁为主的融资租赁业务，随后逐步拓展到商业信贷、租赁和房地产领域，服务范围和内容进一步延伸和增强。随着 GE 金融业务赢利能力和独立性不断增强，其逐渐具备了成为独立板块的条件。

在国内企业的"由产而融"路径中，我们可以观察国家电网和中粮集团。

国家电网的金融发展历程较为明确地指出了国家电网为何发展金融。（1）为电网发展提供金融服务支持。发挥内部金融机构的功能优势，强化资金集中管理，加强资本运作，拓宽融资渠道，降低融资成本。（2）积极培育新的利润增长点。由于我国电价机制还没有理顺，电网赢利水平较低，自我积累能力不强。通过推进产融结合，可以有效提升赢利能力，支持电网主业发展。（3）推进金融产业集团化运作。国家电网公司过去形成了众多金融投资，但在金融资产领域资源分散、管理不善、效益不高，与国家电网公司集团化管理的要求存在较大差距。

再如中粮集团。中粮集团致力于打造粮食的全产业链，由于农产品是国际大宗商品，不可避免地要涉及农产品期货、农业贷款等金融业务。中粮集团在金融业务上积极探索，旨在发挥金融业务全牌照优势，助力农业上下游发展。中粮金融业务的发展重点是做好产融结合，产业是基础，金融为产业服务，通过涵盖期货、基金、保险、信托、银行等一系列业务的资本运作平台，探索农业产业金融新模式。

值得注意的是，我国大型央企在进入金融业尤其是涉足地方城商行时，有时往往是被动的。因为央企在各地开展业务需要得到地方的大力支持，地方政府往往在不良金融资产重组时或者开展某金融业务时采取与大型央企合作的方式，从而使得大型央企被动地进入地方金融事业，地方金融中往往城商行居多。这一点在国家电网分布于各地的金融资产中表现得非常明显。三峡集团亦如是。例如，三峡集团秉承"建好一座电站、带动一方经济、改善一片环境、造福一批移民"的水电开发理念，投资参股了三峡担保、湖北银行、宜宾商行、凉山商行等水电项目所在地企业，为库区经济发展做出了贡献。

表 7　各举例企业产融协同的发展路径

公司	创立时间	创立初的业务特点	由融/产进入/融时间	现有业务结构	协同机制	管控模式	金融业务的利润占比	ROE
国外								
伊藤忠	1858年	以麻布批发事业起步	1954年成立东方商事株式会社（Orient Corporation），开展信用卡、贷款和银行担保等业务	六大业务板块：纺织、机械、金属、能源化学、粮油食品和生活资材及信息、金融	—	比较强调长期利益和益明合作，在改英过程中会综合考量各方利益。员工总计110207人、总部员工共有4381人	13%	10.4%（只出到2016年3月末）
GE	1878年	从成立到1980年的80多年间，GE通过大规模并购发展为一个多元化企业，经营的大小行业达入60多个	1905年建立债券及股贷公司，涉足商业金融领域	七大板块业务：发电与电气处理、石油与天然气、航空、交通、新能源、医疗、金融	借助金融行业整体快速发展的势头。GE获得丰厚的收益和利润，将GE金融作充分利用金融方面灵活，融资快捷，资源配置便捷的优势，将金融板块之一，完成快速增长；提供有力的现金流支持	企业组织结构变为：公司总裁—事业部副裁—各职能总经理—一线区域经理—一线员工，总计29.5万人	41%	—
伯克希尔	1956年	公司最初的前身成立于1889年的伯克希尔棉花制造厂，40年后，工厂合并了一些其他的纺织企业，成为新英格兰地区最大的工业企业之一。在此期间，伯克希尔公司产生了大约25%的全国棉花需求和1%新英格兰地区所用电需求。1955年，伯克希尔与哈撒韦制造公司合并。公司名称随之变更为伯克希尔-哈撒韦。这家公司于1962年被巴菲特逐步买入并控制。后由其投资实业领域，主要由次投资实业保险业务。因此业界总体上认为其近期的一家金融公司进入产业的发展轨迹	实业起家；1962年，巴菲特开始买入公司股份，并后成为实际控制人。并将原有业务保持在1985年；1967年，投资国民保险业（National Indemnity Company），进入保险业。并逐步扩大入保险业务；1977年，购入《布法罗晚报》（Buffalo Evening News），开始有纺织和保险业以外的其他业务；20世纪90年代末，开始购入其他实业企业；2003年，收购克莱顿房屋公司（Clayton Homes），含金融业务	"4+1"的业务板块：4是保险业务板块、公用事业和能源板块、制造业板块、服务与零售板块、金融及金融产品板块，四大板块主要是由伯克希尔股权投资板块。1是指伯克希尔控股运营业务板块。	"产"与"融"协同主要表现在三个方面。一是保险业务与其他业务形成了相互支撑的关系。即一方面，保险业务带来了大量低成本的资金，对开展大量投资提供了有力的兼并收购资金支持；另一方面，非保险业务的保障，非保险业务的稳健发展对实现巨大风险业之间互相协同。三是伯克希尔的强大协同有效地降低了债务成本	母子公司管控方式：查克希尔管理和巴菲特是伯克希尔的管理者及其希希的管理伙伴，但是他们几乎非管理着所有的其体事务都委托给子公司的管理层。全体员工总计36.7万人，但是总部只有25个人	83%（保险+金融）、4.8%（金融）	8.40%

（续表）

公司 国企	创立时间	创立初的业务特点	由融/产入产/融的时间	现有业务结构	协同机制	管控模式	金融业务的利润占比	ROE
中信集团	1979年	创立之初，即为"产融并举"。在开展信托业务的同时，在投资实业领域进行了探索与创新。发展成为集生产、技术、金融、贸易、服务"五位一体"的综合性产业集团，初步形成产融并举的格局	—	金融、资源能源、工程承包、装备制造业、基础设施业、房地产业、现代服务业及其他	树立协同理念，建立协同机制，探索和完善"走出去"协同、客户协同、产业链协同、区域业务和专题协同、战略协同、综合金融服务协同六大协同模式	集团对子公司实施分类管控，构建以资本为纽带，强调价值导向的管理体系，建立了全流程投资管理体系，加强董事监事委派制，实施财务总监委派制，实施对子公司领导班子的激励约束机制，风险管控和内部监督机制，推进管控智能化。为子公司总计201263人，员工总部人数是420人。	78%	7.70%
华润集团	1938年	20世纪50年代中期～80年代初期：代理贸易为主的时期。这一阶段，华润是中国各进出口公司中国在港澳地区和东南亚地区的总代理。主要工作是协助中国内地制订对港出口计划，有序销货；建立销售网络，做好安全、商品和价格管理，保证香港市场供应；扩大对港出口，为国家创汇。	2005年国资委放宽相关政策后，华润开始布局金融。2006年，成立汉威资本管理有限公司；2006年10月，控股深圳国际信托投资有限责任公司；2008年，更名为华润深国投信托有限公司；2009年11月，成立华润金融控股有限公司（旗下现拥有华润银行、华润信托、华润资产及华润金控资本，并战略持有华泰保险等国内金融机构，与台湾元大共同设立华创元大基金）	"6+1"型的七大战略业务单元。"6"是指消费品、医药、地产、电力、燃气、水泥等六大实体产业，"1"是指金融产业	华润集团"产融结合"模式是利用集团产业板块多元化以及所提供的各种金融服务板块的特殊优势，全面合并与提炼产业+金融二者的商业模式框架，通过产业与金融的资源整合、客户转换、信息对接等手段。集合产业行业专家、金融专家共同研发设计出经过集团内的行业专家长期独特性的具有华润特色的创新集群、组合了新的商业金融集群。模式多变，打造开放式的资产做实、组建了新的商业模式等，快速实现集团整体金融服务获得新的巨大能量，持续增强集团的竞争能力。通过集团整合金融服务平台，快速实现华润集团的资实力与市场反哺产业、最终实现华润集团的长远经营目标	"十二五"期间，集团构建了矩阵式管理模式，完善了三级管控架构，即集团、SBU（战略业务单元）和BU（区域业务单元）。基地公司、城市公司等，明确了集团对公司战略定位，即集团对SBU总部定位为价值创造型战略管控总部，负责规划战略，整体资源配置。审批行业战略，开展资源配置。推动SBU发展，动态调整业务。SBU定位为战略管控型总部，按照总部做强、区域做实、项目做精的原则，负责实施集团意图，开展运营管理，创新生意模式，持续发展。实现发展目标。员工总共有447348人，总部员工共有300~400人	—	—

（续表）

公司	创立时间	创立初的业务特点	由融/产进入产融的时间	现有业务结构	协同机制	管控模式	金融业务的利润占比	ROE
中粮集团	1949年	1949—1987年，公司履行了国家赋予的专业化经营和行业性管理的双重职责。38年间不仅打开了中国粮油品产品通往国际市场的通道，而且为我国社会主义建设积累了大量外汇资金，有力地支持了我国国民经济的发展	20世纪70年代，完成了第一笔中华人民共和国利用第一笔国际期货交易；1996年成立中粮期货有限公司，后陆续投资/成立银行、保险、信托、基金公司	四大业务板块：农粮、食品、地产和金融。中粮集团是全球领先的农产品、食品领域多元化企业集团。集农产品贸易、加工、物流、地产、酒店为一体，为接近全球1/4人口提供粮油食品	中粮集团通过整合，形成了在粮食"大通道"经营理念下的上、下三游产业结构。主营业务结构清晰，形成了10个业务板块。产业链业务完整。中粮金融业务是完整的发展重点是做好产融结合、金融与产业结合，服务主业基础，金融资本运作，推动产融结合	中粮集团将压缩层级，精简放权，形成"集团总部资本管理中心—专业化公司资本运营中心，管全局产业层—生产单位为执行层"三级架构。第一级为集团公司总部，定位为资本运营中心。主要责任是管全局。第二级管大局；18家专业化公司，定位为资产运营中心，主要职责是资产投资、运营，获取利润回报。第三级为生产单位，运营，定位为生产经营利润中心；主要职责是业务具体运作；生产单位的组织结构按高设置，实现管控效，总员工总计101708人。总部有234人	—	—
招商局集团	1872年	创立之初便产融并举。1872年成立；1875年组建保险招商；开展轮船业务，1875年组建保险招商局中国商银行；1896年创办中国通商银行；早期证投资了矿产、纺织等实业企业，一直以来都是有产有融。1949年以后也没有中断	—	三大核心产业：交通（港口、公路、能源运输及物流、修船及海洋工程）、金融（银行、证券、基金、保险）、地产（园区开发与房地产）	招商局集团从机构、产品、功能等三个层面推进产融结合。第一层面是机构层面的融合，即实业办金融；第二个层面是产品融合，招商局集团搭建了产融结合的工作平台；第三个层面是通过五个板块的功能放到线上，易融五个板块的功能放到线下相互结合。通过线上线下相互结合，促进全集团在金融和产业合作方面的信息共享，提高沟通效率，推动产融结合的发展	招商局集团强化集团管控。推进总部向"3S"（战略管控Shaping、风险管控Safe Guarding、综合服务Servicing）转型。努力建设"有权威的总部、有价值的总部、有半台效应的总部、有效率的总部"。员工总计11.57万总部人。集团总部有半人	57%	10.12%

（续表）

公司	创立时间	创立初的业务特点	由融/产进入产/融的时间	现有业务结构	协同机制	管控模式	金融业务的利润占比	ROE
民企								
平安集团	1988年	保险业务起步发展阶段（1988—1995年）：平安是成立于1988年的一家地方性保险公司，1992年成为全国性保险公司。1993年，国务院颁布了《关于金融体制改革的决定》，明确金融业实行"分业经营、分业管理"的原则。为响应国家政策，1994年平安成立了寿险公司，并有继把产险业务拓展到全国，从外资股东高盛、摩根加入后，平安保险开启了了国际化进程，也更加坚定了平安的金融控股集团战略设想	1995年，成立深圳市平安物业投资管理有限公司，2011年更名为深圳平安不动产有限公司	平安集团拥有核心金融、互联网金融两大板块。核心金融（陆金所、万里通、前海征信、平安好房、平安付等、平安健康互联网）和共享平台（平安金融科技、平安数据科技、平安金融壹账通）和核心金融细分三大板块。核心金融细分为：平安寿险、平安养老险、平安健康险、平安香港、平安产险（平安银行、平安证券、平安信托、平安证券、平安资产管理、平安资产管理（香港）、平安大华基金、平安不动产"三大类别	平安集团的业务组合可分为三条主线：核心金融业务主线、互联网金融，业务内的组合、业务内的组合与互联网金融业务间的组合。平安集团通过"综合金融+互联网"和"互联网+综合金融"两个模式，聚焦"大金融资产"和"大医疗健康"两大产业，围绕保险、银行、资产管理、互联网金融四大板块，以实现"一个客户、一个账户、多个产品、多项服务"为目标，借助业务整合的融合，积极推进用户、客户之间的正迁，不断扩大业务规模	作为典型的金融控股集团，平安集团遵循"集团控股、分业经营、整体上市"的管理模式。在管控模式上偏向于战略设计型，其对专业子公司均为高度控股，通过控股权控制和完善的公司治理结构对所属企业进行统一管理：平安集团总部负责集团发展战略、统一规划和重大投资决策等，各子公司独立经营。员工总计31.8万人	100%	—

2. 由融入产：利用金融资源参与并整合实业。

例如，国外的伯克希尔，就是其掌门人巴菲特利用保险业务庞大的"浮存金"优势，通过在资本市场投资的收益逐渐投资控股实业，从而建立起一个既有保险和其他金融业务又有制造业等板块的庞大企业帝国。

再如，国内的华润集团。华润集团本是做代理贸易起家，但短短几十年间，迅速成长为一个横跨众多板块的大型企业集团，其奥秘就在于投资并购。在前述华润集团的案例分析中可以看出，华润集团在产业发展中遵循一个基本规律：用金融资本整合产业资本，走一条收购、兼并、整合的扩张之路，用控股公司方式进入不同的产业，不是按传统方式把一个行业从零开始做大，直到向相关行业扩张，而是像华润水泥、华润啤酒一样先打包上市，从中拿到资金，再加大本业的投资。

3. 产融并举：实业与金融共同发展。

例如，中信集团，在其发展历史的几个大的阶段中，虽然不同的时期发展重点各有侧重，但基本都坚持了产融并举。从 1979 年 10 月成立至 1993 年 3 月，是中信公司创立和发展初期，中信公司在荣毅仁董事长的领导下，迅速发展成为一家集生产、技术、金融、贸易、服务"五位一体"的综合性企业集团。随后，经历了不断的发展与调整。时至今日，中信集团已经成为拥有金融业、资源能源业、制造业、工程承包业、房地产业及其他业务的综合性大型企业集团，2017 年，中信集团位居美国《财富》世界 500 强排行榜第 172 位。

（三）产融协同的效果分析

在现有涉足产和融的大型企业集团中，产融协同作用有的较强，有的较弱，不一而足。概括地说，金融应服务于实体经济，促进实体经济的发展是金融的基础，同时金融业不可能脱离实体经济而孤立发展，它也需要实体经济的支持，二者高度关联，是伙伴关系，也是共生共荣的关系。产融协同本质上是企业在产业与金融之间的一种全局性的资源配置，通过对资源的高效配置使产融两者之间形成相互依存、相互联系，又各自独立的这么一个相互促进的作用。通过产融协同，双方可以获得在客户、业务、资本等多方面的协同作用。一般而言，产融协同可以发挥增加生产、促进销售、降低成本、盘活资产、提高收益、降低风险等积极作用。

具体而言，产融协同的效果，大致可以从两个维度来观察，一个是赢利功能的维度，另一个是服务功能的维度。

1. 赢利功能。

无论在国外还是国内，与实业板块相比，通常而言金融板块都是赢利能力较强、盈利较为丰厚的业务板块，这一点，在近些年来的中国市场表现得尤为突出。因此，在既包括金融又包括实业的大型企业集团中，金融板块往往是集团利润的重要来源，甚至是主要来源。这也是近年来我国实业集团不断积极寻求涉足金融业务的直接动因。

2. 服务功能。

（1）财务公司的资金集中调配作用。国内的大型企业集团往往都成立了财务公司。例如，三峡集团在 1997 年即成立了财务公司，财务公司负责整个集团的资金集中管理，确保资金安全；通过内部融资调剂集团内部资金，提高资金使用效率，降低融资成本。三峡集团根据拓展境外业务的需要，2014 年又成立了三峡财务（香港）公司，旨在加强境外资金集中管理，规避外汇风险。

（2）实业与金融的相互支撑与紧密协同。如例，伯克希尔产融结合与协调主要表现在三个方面：第一，保险业务与其他业务形成了相互支撑的关系，一方面，保险业务带来了大量低成本的资金，为伯克希尔开展大量的兼并收购提供了有力的资金保障；另一方面，非保险板块的良好盈利也为保险板块应对突发巨大风险提供了保障。第二，各个业务之间由于补强型收购而相互协同。第三，伯克希尔的强大为下属企业"增信"，有效地降低了债务成本。

再如，GE 和招商局集团。早期 GE 金融业务的发展就是为了实业更好地发展而建立的，虽然后来金融板块逐渐独立，但 2015 年 GE 出售了与实业无关的金融业务，仅保留了密切服务实业的金融业务。

招商局集团最早开始的产融结合源自其传统产业——航运业的需求。因此，银行和保险是招商局集团最早涉入金融行业的领域。当时的招商轮船局面临着外资保险承保条件苛刻、保额不足、手续费高昂等问题，承受着沉重的经济负担。仁和保险的建立不仅满足了当时航运业对于保险的需求，而且利润率高达 30%~40%，这些为招商局集团的产业发展和资产规模增长都做出了重要贡献。铁路建设作为招商局集团早期的另一重要产业，在清朝末期产生了很大的融资需求。近代第一家银行中国通商银行的设立完成了把分散的资金集中起来进行铁路建设的使命。同时，为铁路建设提供的金融服务产生的利润也促进了中国通商银行的业务发展。今天的招商局集团，是国务院国资委管理的央企中唯一将金融作为主业的央企。在产融结合方面，招商局集团从机构、产品、功能三个层面推进，机构融合是基础，产品融合是核心，功能融合是最高境界。这三个层面的融合形成生态链条。

具体而言，招商局集团机构、产品、功能三个层面的产融协同方式如下：

第一层面是机构融合。机构融合是指实业办金融，或者是金融办实业，这是产融协同的基础和前提。招商局集团是目前国资委体系中唯一一家以金融作为核心主业的中央企业，目前已经拥有绝大部分金融牌照，在金融业务规模、赢利水平和对招商局集团的贡献方面，已经颇具影响。

第二层面是产品融合。产品融合是产融协同的核心，也是产融协同的抓手。在产融结合中，金融机构的各项产品要从实体产业的经营活动出发，解决实际经营过程中存在的问题，满足产业发展的需求，实现双方共同发展。

第三个层面是功能融合。功能融合不仅能解决融资问题，同时还能识别和管理风险，优化财务结构，带动实体产业良性发展，依靠两者在功能上的融合，推动产融协同迈上新的台阶。招商局集团搭建了产融结合的工作平台，将易动态、易产品、易沟通等五个板块的功能放到线上，通过线上线下相互结合，促进全集团在金融和产业合作方面的信息共享，提高沟通效率，推动产融协同发展。

（四）产融协同的管控模式

各家企业由于历史发展、业务格局等差异，产融协同的管控模式不尽相同。总体而言，其特点可以总结为：业务布局需要战略谋划，而管控方式则应根据企业实际需要来设计架构。

产融协同的企业涉足多个行业，且业务之间的关联度往往不太高。因此，总部需要充分发挥战略谋划与决策功能，不仅要促进并统筹各业务全面健康发展，还要形成协同效应，塑造综合优势。其中，华润集团、中粮集团、三星集团和 GE 是拥有强有力控制总部的代表。

华润集团的管理原则是"总部做强、区域做实、项目做精"，其总部定位是价值创造型战略管控总部，负责规划整体战略，审批行业战略，开展资源配置，推动主业发展，动态调整业务。华润集团还建立了矩阵式管理模式，完善了三级管控架构，即集团、SBU（战略业务单元）和 BU（区域公司、基地公司、城市公司等）。为实现组织集团化和业务多元化，华润集团还设计并建立了 6S 管理体系，这也有助于其管理模式与集团股权复杂和业务繁多等具体情况相适应。6S 管理体系是将华润集团多元化的业务及资产划分为责任单位并作为利润中心进行专业化管理，推进各级单元战略的构建、落实、监控和执行的一体化战略管理体系，它以管理会计理论为基础，以全面预算为切入点，以评价考核为落脚点。6S 管理体系具体包括战略规划体系、业绩评价体系、内部审计体系、经理人考评体系、管理报告体系和商业计划体系等六个部分。

中粮集团作为集粮油食品贸易加工、种植养殖、物流储运、食品原料加工、生物质能源、品牌食品生产销售以及地产酒店、金融服务等于一体的综合性企业，以"集团总部资本层—专业化公司资产层—生产单位执行层"为管理架构，其总部定位为资本运营中心，其主要职责是管资本、管全面、管大局，总部要做到职能部门的优化，确保精简精干。同时，为提高集团的核心控制能力，中粮在集团层面成立了全产业链促进委员会，以促进集团内部积极、主动、有效的内部协同。促委会的职能定位为：对"全产业链"战略落实中的一些关键环节、职能和内容进行有效管控；构建并提升集团系统业务能力，推动内部协同机制的建设与完善。

三星集团内部管理的核心是"铁三角"，即李健熙（引领者）、未来战略办公室、社长团（执行者），三者形成三角结构。未来战略办公室是一个独特的组织，功能是在股东利益、管理者和职业经理人之间形成最佳平衡。从结构上来说，三星集团未来战略办公室掌握最高战略，而具体的经营和决策中心下放到各附属公司内部去做。未来战略办公室监督三星集团的业务结构及分享三星的无形资产，监督附属公司的战略落实，知识创新及共享，管理支持，而且还对附属公司的重大投资决定有决定权。未来战略办公室监督协调三星的附属公司，是公司治理的核心所在。

GE 的业务管理制度系统，又被称为公司业务运行软件，以一年为一个循环，以一个季度为一个小单元，公司所有的业务流程都用 1~12 个月的时间来编排，规划出每个月应该做些什么，到哪个月应该达到什么效果，取得多少成绩等。GE 把它的业务管理系统当作一个操作平台，通过运用这个平台，将 GE 的总裁、高级经理与管理人员的优秀经营理念转化为行动。所有的业务活动在这个操作平台上周而复始地运作，最终实现企业目标。GE 的业务管理制度系统保证了全球化、服务、六西格玛、电子商务这四大板块战略的顺利实施。

偏金融型企业集团通过并购投资布局实业领域，多以控股或参股方式进行，它们不同于综合性企业集团需要强有力控制的总部，它们更需要能给予指导意见但又对下属公司没有强势管控的小总部，这类企业集团对子公司的有效管理的关键在于总部的适当放权，进而提高子公司的整体活力。伯克希尔、国家开发投资公司和平安集团是具有指导型小总部的典型代表。

伯克希尔是典型的偏金融型企业，查理·芒格和巴菲特是伯克希尔的管理合伙人，但是他们俩将所有的具体事务都委托给了子公司的管理层。整个伯克希尔有大约 36 万名员工，但是总部只有 25 个人。查理·芒格和巴菲特主要关注资本配置，对关键经理人进行关照，落实其待遇。这些子公司的经理人都非常开心，因为他们是在独立运作业务，所有的运营决策都由他们制定，只需将产生的超额现金上交给总部即可。

正如巴菲特所说，"在伯克希尔，我们也渴望效率并且厌恶官僚主义。为了实现我们的目标，我们遵循并强调避免膨胀，收购像精密机件公司（PCC）这样的公司，一直由关注价格并高效的经理来进行。在收购之后，我们的角色就仅仅是创造一个环境，那些 CEO（首席执行官）和他们的志趣相投的继任者能够在其中最大化他们的管理效率和来自工作的愉悦感。"

国家开发投资公司也是偏金融型企业，它的内部管理原则就是"集团化、专业化、差异化"，即根据投资控股公司经营特点和管理需要，把公司的管控体系分解为若干管理要素，不同的管理要素分别由总部、子公司和投资企业进行管理，在总部、子公司和投资企业三个层级之间建立起分工合理、职责明确又相互配合、运行有序的管理系统。与有行业背景的产业集团公司不同，它的集团化管理，是以资本为纽带，在现代企业制度法人治理框架内，站在集团的高度，将控股投资的企业凝聚在国投集团的旗帜之下，对全集团的资源进行优化配置，以实现集团整体利益最大化。

在金融控股集团形成过程中，平安集团对各子公司都是绝对控股。各子公司是独立经营、独立核算，独立开展业务，而集团总部不从事任何具体金融业务。这种管控模式使得各子公司在经营管理上与整个集团保持高度一致。平安集团采用分权为主、集权为辅的管理模式，将集团战略、部分主要资源的获取与分配以及集团整体风险管理和业务协同赋予总部，剩余权力都赋予控股专业子公司，使子公司不仅具有独立的法人地位，而且可以独立对外开展相关业务。由此，在总部与分支机构之间形成一种平衡，不会使一方过于强大而给另一方的运作产生不利影响。这种各子公司在法律和经营上的相对独立可以起到内在"防火墙"的作用。若一项金融业务发生严重风险，由于有子公司的存在，能有效切断风险在银行、证券、保险、信托之间相互的风险传递，这就可以排除个别高风险子公司拖垮整个集团公司的隐患。

对于金融板块的管理，有一些集团是通过成立金融平台统一管理的。比如华润金融控股有限公司成立于 2009 年 11 月，是华润集团旗下专业开展金融服务的战略业务单元，旗下拥有华润银行、华润信托、华润资产、华润资本、华润保险、华润租赁，并战略持有国信证券、鹏华基金、华泰保险等国内金融机构，如图 16 所示；又如国家电网将其金融业务都归集到"国网英大"旗下，如图 17 所示。

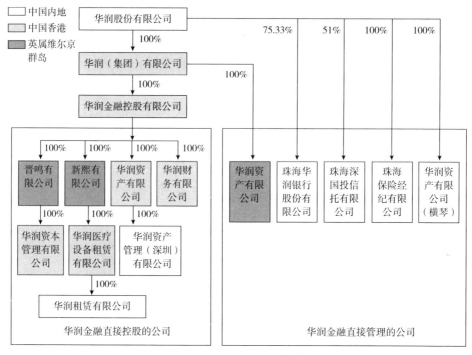

图 16　华润集团的金融架构

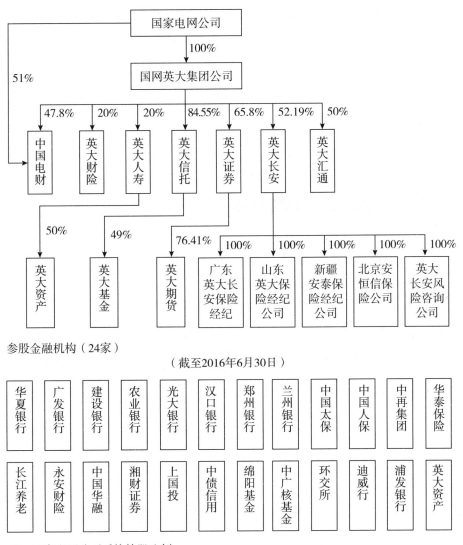

参股金融机构（24家）

（截至2016年6月30日）

注：国家电网公司系统持股比例：

中国电财 98.80%　　英大财险 99.43%　　英大人寿 80.10%

英大信托 93.60%　　英大证券 97.78%　　英大长安 96.95%

英大汇通 100.00%

图 17　国家电网公司的金融产业组织架构

但也存在一些对金融业务不做集中管理的公司，金融业务没有一个统一的平台，银行、证券等业务各自独立地存在，如招商局集团。

对于开展产融协同的企业集团而言，建立金融与实业的防火墙机制是需要重点解决的问题。

二、产融协同企业的竞争优势

（一）"东方不亮西方亮"的抗风险能力

多元化的增长方式有利于企业分散经营风险，保持稳定性。企业通过多元化经营，将资产分散投资于不同的行业，可以有效地分散非系统性风险，抗风险能力较强。特别是业务涉及金融与实业众多领域的大型综合性企业集团，各领域协同发展，具有平抑经济周期的优势。

（二）为客户提供更好的服务体验

综合性企业因涉及行业众多，业务领域广泛，因此具有为客户或地区提供多种产品或服务的能力，这也是其区别于单一企业的明显优势。客户的需求不是单一的，而往往是多方面的，综合性企业的优势正在于多类型业务共同发展，能够满足客户多种需求。

（三）业务架构的动态调整能力强，战略布局能力强，业务领域可延伸性强

作为金融与实业并举的综合性企业，不仅具有较强的融资和资本运作能力，而且业务体系完备，组织架构健全，竞争能力强，具备产融结合及组织实施各类项目的管理经验和能力。综合性企业以其金融与产业经营方面的独特优势，在动态调整和战略布局方面，具备更强的组合能力、流动能力和延伸能力。

（四）充分发挥金融能力，整合利用内外部资源

当行业发展到特定阶段，往往会出现并购浪潮。产融协同企业所具备的产业整合能力可助其把握战略机遇，使其凭借资本市场运作能力，通过兼并重组，搭建产业平台，并依托金融平台进行产业链整合，占据价值制高点，推动产业快速发展。

三、产融协同企业面临的挑战

产融协同企业是综合性企业中较为特殊的一种发展形式。在运营和协同等方面，受监管等因素影响，产融协同企业与其他综合性企业存在一定的差异和不同的侧重点。但从管控的角度看，产融协同企业与其他综合性企业面临的挑战仍具有较大的相似性。另外，产融协同国有企业与非国有综合性企业在管理要求、社会责任等方面确实存在

一些特殊需要，这些需要构成了产融协同国有企业相对比较独特的管控挑战。

（一）产融协同企业共同面临的挑战

1. 如何满足各项业务的资源需求。多元化且关联度不高的业务组合，对总部的资源配置能力提出了更高的要求。一方面，各项业务发展对资源的需求，要求总部有雄厚的资金实力和良好可持续的资本补充机制。以银行业务为例，其发展资本消耗大，在持续的资本补充需求下，控股股东想要维持优势，就要有相应的资金渠道，负债发展不是可持续的方式。另一方面，如何在业务板块间合理配置资源以实现整体价值最大化，是始终存在的现实问题。产融协同企业要平衡短期与长期、局部与整体，还要保持资源配置的灵活性以应对复杂多变的外部环境。

2. 如何把握多元化的"度"，如何通过管控体系保持对下属单元业务运营的合理控制。这是两个相辅相成的挑战。一方面，产融协同企业要有条件地审慎选择发展领域。在形成综合优势的同时，做到有限多元化，以免战线过长、资源过于分散，无法形成合力。另一方面，多元化的业务领域、多样化的股权结构，必然提高管理的复杂性。从实践的角度看，只要业务结构和业务规模在不断变化，优化管控模式、推动管理效率的要求就始终存在。综合性企业也就需要适时回顾管控模式，探索优化调整的空间。

3. 如何通过管控模式落实整体的战略意图。综合性企业的战略是从整体业务发展的角度来判断和选择的。而子公司作为执行机构和经营主体，既需要执行整体的战略安排，也有其自身基于市场的发展目标。在实际管理过程中，确实存在总部与经营单元对市场发展的判断不一致，或者彼此战略目标存在一定差异等现象。而如果不同下属企业资本结构不同，那么传导和落实综合性企业战略意图需要通过不同的通道，无疑更增加了落地的难度。

针对这个问题，现代企业制度和综合性企业的资源调配是有效的抓手。通过现代企业制度，总部可以建立一套相对统一的沟通和引导系统，提升传导效率。通过资源配置，总部可以降低子公司落实整体战略的成本，加快优化布局的速度。

在实践中，大多数综合性企业需要不断通过反馈和评估，不断优化传导途径和方式，提升战略管控能力，适度调整管控体系，明确权责利，提升整体协调性和价值创造能力，达到以低成本高效率完成战略落地的目标。

4. 如何通过管控模式提升协同能力和风险防范水平。产融协同企业的重要优势在于整体的业务协同能力，风险来自整体风险的复杂性和传导性。搭建产融协同企业的协同能力并非一日之功，具有优秀协同效应的综合企业，往往两手并行，对内提升企业综合效率，对外为客户提供综合服务，大幅提升市场竞争力。但也存在很多产融协同企业处于弱协同状态，即各子公司运营的独立性较强，子公司之间共同开发市场的意愿较弱。此时，产融协同企业的协同具有一定的挑战性。在现代企业制度下，子公司之间开展基于市场规律的协同并不难，但是，如何充分发挥综合优势，从单点服务到协同服务，从提供单一产品和服务到提供系统性解决方案，才是产融协同企业面临的问题。在探索通过管控体系优化协同的过程中，不但需要建立协同机制，还需要引导协同习惯、探索协同模式，更需要将创新技术和手段引入协同中。这些都对管控体系提出了更高的要求。

当前，我国经济发展步入新常态，客户对产品和服务的需求日益个性化和多样化，只提供相对单一的业务和产品服务的企业将面临激烈的同业竞争，其在成本控制和赢利方面将面临较大压力。金融改革、供给侧改革的深化和信息技术的发展，促进了金融工具与实业产品的创新，金融业与实业逐渐相互渗透和融合。

风险防范是产融协同企业面临的另一个挑战。通过开展产融协同，金融机构和实体经济可以获得业务创新、协同效应、优势互补、分散风险等收益，但需要关注的是风险管理和内部控制的难度也会加大，并使之面临更为复杂的挑战，需要在强化风险意识和有效风险隔离的基础上建立适应产融结合的风险管理及内控机制。

规范的治理结构以及有效的治理执行力是综合性企业有序推进金融与实业协同发展的保障，有效的风险隔离和整合管理至关重要。随着改革的深化和信息技术的发展，金融工具与产品持续创新，各行业相互渗透和融合，产品和服务呈现日益多样化、交叉化、复杂化。产融协同企业除了面临单一业务经营的各类风险，还在获取协同效应等竞争优势的同时面临因股权关系、内部交易、关联交易和信息披露等多种因素引起的特殊风险，风险更加隐蔽和复杂，并可能会在综合性企业内部传导或产生风险叠加效应，进而影响系统安全。如果产融协同企业内部缺乏有效的衔接整合，则难以及时掌控风险状况和有效应对风险。如何针对风险的新特征，升级管控体系、持续优化风险管理和内部控制机制以合理保障金融与实业协同发展，是产融协同企业需要思考的问题。

5. 如何破解资本市场对多元化企业的折价难题。综合性企业通常规模庞大，包含业务板块繁多，其子公司普遍市值偏低，这也就意味着公司面临着折价的风险。上市公司的市值是公司价值在资本市场的外在表现，它具体是指每股价格乘以总股本数，由于公司的总股本不会经常变化，因此市值的变化主要体现在除权后的股票价格，其中市净率是反映股票估值情况的核心变量。

如果公司市值偏低，股价常年被低估，企业的内在价值得不到有效体现，其将会面临市场竞争者并购的压力和重组风险，这在很大程度上增加了公司的外部风险。如果公司本身恰好保持了一定的赢利能力和比较健康的现金流，那么更容易引发并购方的关注。当并购与公司既有的发展战略不匹配时，公司不得不部署防御措施，这在无形中会推高公司的管理和整顿成本。

市值较高的上市公司则证明了其有较高价值创造的能力和投资回报率，同时也更容易得到资本市场的认可，可以获得更多潜在投资者的青睐，可以利用配股、增发等手段筹集到公司发展所需资金，有利于上市公司未来扩张和发展。在股权分置后的全流通市场，高市值的上市公司可以有效抵御被收购风险。由此可见，上市公司的高市值可以推动可持续价值创造能力的逐步提升，市值管理的好坏对综合性企业而言是让其在市场化环境中焕发活力的关键，需要通过提升由市场竞争力、赢利能力、公司治理结构与效率和战略方向的把握等构成的公司内涵价值，以及由公司信息披露、投资者关系、品牌宣传等多方面共同构成的公司附加价值，来提升公司整体的市场价值。

（二）产融协同国有企业面临的挑战

产融协同国有企业是国有企业中比较特殊的一种形态，在优化管控体系中存在一些比较个性化的挑战，主要体现在以下几个方面：

1. 如何在市场化和做强做优做大国有资本的原则下建立有效的业务进退标准和机制。目前，由于各方面原因，产融协同国有企业往往进入新领域易，退出现有领域难。事实上，对国有资本，特别是对竞争领域的国有资本而言，持股比例与市场竞争力不一定完全正相关，因此在很多情况下，按实际控制人来界定国有企业可能更加有利。综合性企业，特别是产融协同的国有企业，具备必要的能力和经验来落实以国有资本增值保值为根本目标、以资源配置为手段、以合理股权比例实现现代企业制度下的有效管理，从而推动国有资本做强做优做大。从这个角度看，建立符合市场原则的国有资本管理体系，优化国有资本的进出标准，有利于调动国有企业的积极性和创造性。此外，还需要加强理论研究和舆论的正确引导，展示国有体制的优势，正面宣传国有体制集中力量办大事、在国民经济主战场发挥作用的情况，并通过宣传，建立不同功能国有企业资本需要不同管理逻辑的共识。

2. 人才管理和激励约束问题。产融协同企业涉足不同业务领域且它们发展阶段不同，对于复合型人才有更强的需求，在业务发展过程中又往往面临专业人才短缺的挑战。特别是进入新的业务领域，现有人才储备难以满足需求，而市场化选聘的人才也可能存在"看上去很美"和水土不服等问题。同时，不同业务板块间行业跨度大、薪酬差距明显，使得内部人才的交流和轮岗存在难度，对产融协同国有企业总部人力资源配置形成挑战。

由于产融协同国有企业受制于国家政策及内部薪酬文化制约，薪酬行业竞争力与部分民营企业、外资企业和地方企业相比处于弱势。在激烈的市场竞争中，没有竞争力的薪酬水平必然造成骨干人才的流失。如一些新成立的民营公司由于没有自身的人才培养体系，往往通过高薪从其他国有企业挖骨干人员。为应对这种竞争形势，就需要进一步推进薪酬分配的市场化改革，一方面通过股权激励及员工持股实现企业与员工的共享共建，另一方面对市场化选聘的职业经理人采用市场化的薪酬核定机制。目前，国家政策层面允许和鼓励相关国有企业开展股权激励及员工持股计划的试点，但步子不大、范围不宽，特别是对于国有金融企业还没有明确的推行时间表。另外，国有企业开展职业经理人试点尚处于探索阶段，特别是在职业经理人市场化选聘、契约化管理、科学化激励、专业化培养和法制化退出等方面，还有很长一段路要走。

相对于国外成熟和高水平的职业化发展，目前我国职业经理人队伍尚处在快速形成和发展阶段，还存在着诸多问题和困难，特别是在职业经理人市场化选聘、社会化资质评价、契约化管理、科学化激励、专业化培训培养和法制化退出等方面，难以与我国经济社会发展的新常态、新要求相适应。产融协同国有企业涉及的业务复杂多元，更需要通过包括培养和引入等多种途径，建立一支既能贯彻战略意图，又有管理和市场竞争经验，与多元化业务结构和发展模式相适应的人才队伍。因此，如何建立能够更好地支持激励体系的管理体系，是产融协同国有企业需要探索的问题。

四、产融协同国有企业在国企改革中的作用

当前，国有企业改革正在不断深化。优化国有资本结构布局，促进国有资本合理流动，提高国有资本效率，不断增强国有经济活力、控制力、影响力、抗风险能力，产融协同国有企业需要发挥其应有的作用。

《中共中央、国务院关于深化国有企业改革的指导意见》明确指出："以管资本为主改革国有资本授权经营体制。改组组建国有资本投资、运营公司，探索有效的运营模式，通过开展投资融资、产业培育、资本整合，推动产业集聚和转型升级，优化国有资本布局结构；通过股权运作、价值管理、有序进退，促进国有资本合理流动，实现保值增值。开展政府直接授权国有资本投资、运营公司履行出资人职责的试点。"[①]

中信集团所探索进行的，正是实质上具有国有资本投资、运营公

---

① 中共中央、国务院关于深化国有企业改革的指导意见（全文）[EB/OL].（2015-09-13）[2017-08-26]. http://www.xinhuanet.com/politics/2015/09/13/c_1116547305.htm.

司的方式，而且是非常成功的，是有竞争力、生命力的。建立国有资本投资、运营公司，不能简单视为在国资委和国有大型企业之间重新设立一层资本运营公司，而要充分利用中信集团等已经成功运营的公司，直接作为资本运营公司，或进一步充实授权国有资本，充分利用这些公司已经具有的资本运作、产业培育发展的成功经验，完善的管理架构和制度，高效的团队，形成有效运行的更大型的资本运营公司。

组建或改组国有资本投资运营公司，需要外在的实施条件和内在的实施能力，包括：金融与实业相互支撑和作用的业务体系，完善的公司治理结构，相当的资产规模，较为雄厚的资本实力，突出的品牌效应，较高的市场化程度及优秀的人才队伍，等等。

产融协同国有企业具备相应的条件和能力，可作为国有资本投资和运营公司，承担落实国家战略、优化国有资本布局的重任。首先，产融协同国有企业可作为国家特殊政策目标的操作平台，承担国家重大项目的开发、实施及运营工作。其次，产融协同国有企业可作为国有资本优化配置和调整平台，将资本向关系到国家安全、国民经济命脉的重要行业、关键领域和新兴产业进行长期战略性配置。最后，可借助产融并举的经营格局和实践经验，通过合资、合作等多种股权运作方式持有其他国有企业的股权，进行价值管理。基于上述三方面的优势，可以允许像中信集团这样的公司按照市场化原则，通过择机发债、设立产业发展基金等方式筹资运作。

明确产融协同国有企业作为国有资本投资运营平台，能够把国家政府的意图转化为市场化的语言，为深化国有企业改革提供有益经验，开拓出可复制、可推广的改革道路。

关于产融协同企业的发展道路，比较分析来看，其多元化结构都是历史形成的，有共性也有个性。产融协同类企业是多元化综合经营型企业群体中的一种特定发展模式，而多元化综合经营型企业又是与专业化经营型企业相对应的一种企业发展模式，即企业发展模式是多样化的，并且不同的企业发展模式都可以取得成功，也可能失败。也就是说，不存在放之四海而皆准的企业发展模式。对具体企业而言，必须根据企业自身特点和所处环境条件选择适合于自身发展的模式，为发挥各自优势，在战略谋划、激励机制等方面各取所长。中信集团发展所取得的成功，原因当然是多方面的，但是在实践中正确地选择了产融协同的发展模式无疑是其取得成功至关重要的要素，而其他条件不同的企业如果选择与之相同的产融协同发展模式则不一定是正确的。因此，考虑到产融协同国有企业的形成有其内在逻辑和外部条件，对现有的国有企业要进一步明确功能定位、完善业务体系、健全公司治理、优化管控模式、提升自身发展能力，发挥出更好的功能作用，但对于增量应结合实际情况谨慎推进。